発達障害は少年事件を引き起こさない

「関係の貧困」と「個人責任化」のゆくえ

（精神科医）
高岡 健

明石書店

まえがき

一九六八年の永山則夫事件から二〇〇八年の秋葉原事件へと至る、主要な事件の軌跡をたどると、ある普遍的な像が、浮かび上がってくるような気がする。それは、さしあたり、視えざる何かへの復讐や絶望としか、名づけようのないものだ。

だが、そう名づけただけでは、本質をつかんだという実感には程遠い。そう感じつつ、私たちが立ちどまっている間に、事件の加害者を非難する大合唱が聞こえ、厳罰化の津波が押し寄せてきた。しかも、それらは、〈社会一般人〉の姿であるかのような衣装をまとって、現れたのである。

もちろん、〈社会一般人〉と呼ばれうるような人間が、実際に存在するわけではない。それは、不安が高まる世の中を鎮めるために動員された、いわば仮構の人間だ。だが、いかにもすわりの悪い〈社会一般人〉という言葉は、それが加害者への非難と厳罰化のための仮構であることを、皮肉にもよく表現している。

それにしても、二〇〇〇年以降の少年事件における、加害少年への過剰としか思えないバッシングと、三度にわたる少年法「改正」は、右に記した一方的非難と厳罰化の動向を象徴するものだった。

そのままに放置しておくなら、視えざる何かへ復讐を行なった加害少年に対しての〈社会一般人〉からの復讐と、絶望を抱いた加害少年に対する〈社会一般人〉からの絶対的な絶望だけが、永遠に循環することになる。だからこそ、加害少年が持たざるをえなかった、復讐や絶望の構造と普遍性を、今すぐにでも明らかにしていく必要がある――それが、本書を上梓するモチーフにほかならない。

まず、私は、戦後における転回点を形づくったと考えられる、二つの少年事件を取り上げることにした。

二つの事件とは、永山則夫事件と、永山が逮捕された二週間後に生起した、高校生首切り殺人事件（サレジオ高校事件）である。これら二つの事件は、二〇世紀から二一世紀へと移行する過程で生じた一連の少年事件――たとえば神戸市小学生連続殺害事件（一九九七年）・黒磯市バタフライナイフ事件（一九九八年）・いわゆる「一七歳事件」（二〇〇〇年）・長崎市園児殺害事件（二〇〇三年）・佐世保市同級生殺害事件（二〇〇四年）――の構造と普遍性を先取りするものだった。

何を先取りしていたかは、本書をひもといていただければ明らかになる。結論の一部のみを予め記しておくなら、それは、少年事件が有する構造と普遍性の外面だった。そのためについで、私は、少年事件が有する構造と普遍性の内面へと、踏み込むことにした。そのために取り上げたのが、二〇〇五年の板橋事件と、同じく二〇〇五年に引き起こされた大阪姉妹刺殺事件だ。

ここでも結論の、ごく一部を先回りして記しておくなら、前者は、両親を殺害した事件でありながら、その本質は、あくまで父親殺しにあった。また、後者は、成人の年齢で惹起された事件でありながら、その本質は、一六歳当時に引き起こされた母親殺害の、反復という点にあった。

こうして、私は、二〇〇〇年代後半に起こった一連の少年事件——寝屋川市教職員殺傷事件（二〇〇五年）・伊豆の国市タリウム事件（二〇〇五年）・奈良医師宅放火事件（二〇〇六年）・会津若松事件（二〇〇七年）・八戸事件（二〇〇八年）の考察へと進んでいった。すると、それぞれの事件は、ある種の二次元平面にプロットしうることがわかってきた。

どのような平面であるかは、やはり本書を読んでいただくしかない。ただ、この平面を描いたとき、X軸とY軸の交差するところに、少年事件の原点が存在するということだけは、予告しておいていいだろう。

ところで、少年事件の実数は増加傾向にないのに、報道件数は増加しているという指摘がある。もちろん、それらが、事件の核心を冷静に知らせるものであるなら、報道件数の増加は、むしろ良いことかもしれない。けれども、自らは被害者でもないのに、あたかも被害者の心情がわかっているかのような報道が、散見されることも事実だ。そうなると、復讐と絶望の循環が加速するだけである。

私は、臨床精神科医であると同時に、精神鑑定にも携わっているから、多くの事件の詳細を、直接あるいは間接的に知りうる立場にある、しかし、本書において、私は、あえて新聞報道の内容を基本に情報を抽出し、議論を組み立てていく方法を採用した。

特権的な場所から、独占的に得た情報を小出しにして啓発する姿勢を、私は好まない。たとえ冷静さを欠く報道であっても、そして警察情報に偏りがちな報道であったとしても、一定水準のリテラシーを確保する努力さえ怠らなければ、加速する復讐と絶望の循環を断ち切って、本質へと向かうことが出来るはずだ。

私の方法が成功しているか否かの判断は、読者諸兄に委ねるしかない。だが、成功しているはずだという、私なりの密かな確信は、隠すことが出来ない。

発達障害は少年事件を引き起こさない

目次

発達障害は少年事件を引き起こさない

序章　二〇世紀の少年事件と二一世紀の少年事件

❖永山則夫事件(1)

一九六〇年代の終わりに、戦後における少年犯罪の転回点を形づくる事件が二つ、発生した。その一つが、当時一九歳だった永山則夫による連続射殺事件だ。この事件は、「経済的貧困」と「関係の貧困」が不可分のように見えた、最後の時代を象徴していた。

実行犯の本名を冠して呼ばれる最後の少年事件であった、永山則夫事件を、当時の朝日新聞による報道をもとに、振り返ってみよう（朝日新聞一九六八年一〇月一一日・一四日・一一月五日、一九六九年四月七日）。

一九六八年一〇月一一日未明、東京プリンスホテルの敷地内で、ガードマンが射殺された。

事件は謎に包まれ、「外人の犯行か」とささやかれていた。

同月一四日未明、今度は京都の八坂神社で、警備員が射殺された。続く二六日には函館でタクシー運転手が、そして一一月五日には名古屋で同じくタクシー運転手が、射殺された。

「一〇八号事件」と呼ばれた一連の事件の容疑者として、永山則夫が逮捕されたのは、翌一九六九年の四月七日早朝だった。この日、永山は、東京都渋谷区の「一橋スクール・オブ・ビズネス」に入って警備員と格闘、ピストル三発を撃って逃走したが、緊急配備中のパトカーに捕まったのだった——。

永山の自供内容は、次のようなものだった。

「ホテルに泥棒に入り、ガードマンに襟首をつかまえられ、離さなかったので殺した。金は一銭も盗っていない」

「京都では、大きな提灯のある神社だった。ここで寝るつもりだったが、警備員がうるさくつきまとうので、ピストルを六発撃った」

「函館のときは、汽車と青函連絡船で来た。函館駅前でタクシーに乗り、ピストルを二発撃って、運転手を殺した。胸のポケットから七千円を奪って、函館市内の映画館に入り『西部戦線異状なし』を見た」

「名古屋では、港の手前数百メートルぐらいのところでタクシーに乗り、四発発射して、運転手を殺した。ドア近くの白い袋から、七、八千円を奪って逃げた」

続けて、新聞記事は次のように報じている。

「動機については口を濁しているが、泥棒の目的で渋谷の学校に入ったことを認めていること、泥棒道具と見られるドライバー八本、黒とグリーンのカー手袋、盗品とみられるローレックス時計、定期券、自分の名前に書きかえた明治学院大生の学生証、質札、外国製ガスライターなどを持っていた」

たとえ盗んだものであったとしても、外国製の時計とライター、そして団塊世代の大量入学に影響されたと思われる偽学生証の一方で、質札を持っているところが、経済的な豊かさと貧しさの混淆《こんこう》した、一九六〇年代末期を象徴しているといえよう。

✧ 永山則夫事件(2)

その後、永山の生い立ちにも、関心が集まるようになった。同じく当時の朝日新聞（一九六九年四月七日）の報道を見ていこう。

網走番外地で生まれ（正確な地名は網走市呼人番外地であり、網走刑務所とは無関係：引用者註）、青森県の板柳中学を卒業した。八人兄弟の七番目だった。家庭は貧しく、永山が一三歳のとき、出稼ぎ中の父親は岐阜で死んだ。

中学を出ると、集団就職で東京へ出た。永山が上京後はじめて勤めた、東京・渋谷区の西村フルーツパーラーでの一致した人物評によると、「無口で友だち付合いも悪く、引っ込み思案な子だった」。

上京の一年後、永山は東京・中野区の明大中野付属高に入学したが、二、三日通学しただけで、ぱったり来なくなった。

事件当時の住居はアパートの三畳間だった。日当たりが悪く、家賃も月四五〇〇円と、そのあたりでは最低だった。ラジオもテレビもなかった。新聞もとっていなかった。家具もほとんどなかった。

勤め先の深夜スナックで、永山がもっとも生き生きとしていたのは、外人客に片言の英語で応対しているときだった。タバコは『ウィンストン』を愛用していた――。

やはり、家具がほとんどないような経済的貧しさの中にも、私立高校への入学や外国ブランドのタバコといった、一九六〇年代らしい光が、少しだけ差し込んでいることがわかる。

ところで、これらの報道以上に、永山の生い立ちへの関心を決定的にしたものは、永山自身による『無知の涙』と題されたノートだった。このノートによって、永山則夫事件の背景に、高度成長の陰に隠された経済的貧困が横たわっていると、当時の知識人たちは考えはじめたのである。

しかし、永山自身が、必ずしもそうとらえてはいなかったことは、もっと注目されていい。

❖『無知の涙』

永山は、『無知の涙』の中で、次のように記している。

「性質、性格が形成されるのは、五歳児の頃までだそうである。たった、一人生から見れば五年間とはたったの年月でしかない。それまでに人生を左右する性質、性格が出来るのであるならば、なんと重要な事か。そして、それを世間の親たちは、なんと軽視しているのであろうか！（私がここで言わんとしている事は貧乏人の親御に忠告しているのである）」

「精神的云々はゆとりがあって言えることで、貧乏人には精神的幸福は二次の問題なのだ。物質的と精神的な幸福がそろうと、それこそ最高にしあわせという事である筈だ。――あ、それにしても私は精神的困窮に耐えれなかった」

貧乏と（親子）関係が、あるいは物質と精神が、まずもって区別されていることがわかる。そして、永山を直接的に苦しめていたものが、関係および精神の幸福をめぐってであったこともわかる。逆に、貧乏ないし物質的幸福は、関係および精神的幸福の土台として、説明されているだけだ。

また、別の箇所で永山は、「貧困から無知が誕まれる。そして人間関係というものも破壊される――私の家庭が典型的な例証になる」とも記している。つまり、永山の中では、経済的貧困と関係の貧困が、互いに分離を開始していて、両者は「無知」を介してのみ、関連するととらえられているのである。

ところで、永山の場合、関係の貧困は、次のような姿をとって出現した。『ある遺言のゆくえ――死刑囚永山則夫がのこしたもの』（東京シューレ出版）に収載された年表から、一部を引用してみる。

三〜四歳　則夫の世話をしていた長姉、精神を病み入院。父、長兄は家に寄りつかなかった。
五歳　母親が出奔。一四歳の三姉、一二歳の次兄、九歳の三兄と、則夫の四人が残された。四人の子どもの飢餓状態を見かねた近隣の住民が、福祉事務所に連絡。母親の許に送られた。
八歳　初めて家出。主な原因は次兄の暴力。以降、小学校を卒業するまでの間に二〇回の家出。目的地は網走。入院中の長姉に会うために。
九歳　父の姿を見た。兄二人が木刀で殴りつけていた。
一一歳　長姉の病状が改善。家事一切と則夫への親身の世話と教育、愛情で、苦手な算数も成績向上。新聞配達が本格化。月給九〇〇円は自分の衣服や日用品、妹たちの小遣い。長姉が妊娠、七ヶ月で中絶。
一二歳　父が岐阜で路上死。

一三歳　父の路上死時の写真を偶然見る。よだれをたらしていた。強いショックを受ける――。

ただちに、いくつかの点を指摘することが出来る。

第一に、父親は、永山を棄てている。しかし、永山は、そうとらえることが出来るほどは、父親に会っていない。したがって、父親の路上死の理由を、自らの中で定位することが出来なかったはずだ。そこで、父親を事実上、殺したのは、父親をつなぎとめることが出来なかった母親だと、考えたのではないか。ちなみに、永山の著した小説には、父親が死んだとき、母親は駅の助役と浮気をしていたというシーンが登場する。もちろん、フィクションではあろうが、永山の心は、父親の死を母親による所業と感じていたといえる。

第二に、母親も、永山を棄てている。このことは論をまたない。なお、母親による子棄てを、経済的困窮や夫との不和だけから説明することは困難だ。母親自身の生育史に、自らの母親から棄てられた経験が存在しているであろうことは、想像に難くない。

第三に、永山を受け入れ支えた家族は、精神を病む長姉だけだった。たびかさなる家出は、実母に代わる母親の像を、長姉の中に求めていたからだろう。しかし、その優しい長姉さえも、精神疾患ゆえに、永山にとっての代理の母親でありつづけることは、出来なかったのである。

繰り返すなら、父親の死を母親の所業ととらえていたこと、母親が永山を棄てたこと、そして、代理の母親像を重ねていた長姉の抱える精神疾患の三つが、永山を取りまく関係の貧困を形づくっていたということだ。

経済的貧困と関係の貧困との分離をつなぎとめようとして、後に永山は、「社会主義には貧乏人はいない」という、当時は有名になった詩を書いた。だが、永山にとっては、関係の貧困こそが第一義であり、経済的貧困は、獄中での知的上昇過程が引き寄せた、説明概念以上のものではなかったというべきである。

サレジオ高校事件(1)

永山が逮捕された約二週間後、戦後少年犯罪の転回点を形づくる、もう一つの事件が起こった。サレジオ高校事件である。永山則夫事件とは異なり、この事件の加害少年については、途中から実名が報道されなくなった。そこで、加害少年をMと呼ぶことにして、当時の朝日新聞(一九六九年四月二四日・四月二六日・四月二七日)の記事に基づき、事件の概略を整理しておく。

一九六九年四月二三日午後四時二〇分頃、川崎市向ヶ丘一七六五にある私立サレジオ高校から、「近くのツツジ畑の中で一年生の加賀美洋君が刃物で切られた」と、電話で届出があった。川崎・高津署で調べたところ、加賀美君は首を切断されて即死していた。

川崎・高津署の捜査本部は、加賀美君と一緒にいた同級生の少年Mを追及していたが、Mは「加賀美君の後ろ姿を見ているうちに、日ごろ悪ふざけされていたことを思い出し腹が立って、持っていた登山ナイフで刺し殺した。夢中で首も切断した」と、犯行を全面的に自供。同本部は、殺人容疑でMを逮捕した。

Mは、「最初に刺したときは、殺すつもりはなかった。だが、殺してしまってから生き返るような気がし、自分がやったとわかってしまうので、首を切断した」と自供した。

調べでMは、犯行の動機について、「中学時代から加賀美君は見下げたような口のききかたをし、高校に来てからも変わらなかったので、他の中学から来た同級生が自分を見下げるんじゃないかと思っていた。同等に見られるために、何らかのきまり（決着）をつけようと考えていた」と述べた。

事件当日は、「授業が終わって帰ろうと鞄に本を入れていると、別の友人が辞書を取り上げた。この辞書に加賀美君が、ビニール袋に入れた毛虫を挟もうとしたので、今日こそ決着をつけようと思い、何気ないよう散歩に誘った。このとき自分を強く見せるため、自分のロッカーに隠しておいた登山ナイフを持ち出した」という。

自供によると、現場で加賀美君にナイフを見せたところ、「いいナイフじゃないか」と言われたが、このとき、また見下げられたと感じた。加賀美君を後ろから刺したとき、殺すつもりは全然なかったが、突出したナイフが加賀美君の首筋に当たり、あとは夢中で刺してしまった――。

本当に加賀美君が「見下げたような口のききかた」をしたのかどうか、今となっては誰もわからない。しかし、ロッカーに登山ナイフを隠しておかねばならないほどの状況の中に、Mがいたことだけは確かだ。そうすると、今日でいういじめがあった可能性を、真っ先に考えるべきではないか。

だが、入手しうる資料は、奥野修司の『心にナイフをしのばせて』（文藝春秋）が出版されるまでは、極めて乏しいのが現実だった。私の知る限り、この本を除けば、今も事実を知る手がかりは少ない。

✧サレジオ高校事件(2)

そこで、この本をひもといてみると、同級生による次のような証言が、目に飛び込んでくる。列挙してみよう。

「おれたち四人に、なぜかいつもあいつ（Mのこと：引用者註）がくっついていた。じゃ、あいつも仲間かというと、仲間じゃないんだ」。「じゃ、おれたちのグループから離れたらいいのにと思っても、あいつはおれたちのグループにすり寄ってくるんだ」。「では、加賀美があいつをいじめたかというと、それがまったくなかった」。「あのころ、同じ学年にデブの男の子がいて、そいつのおっぱいをもんで遊んだりしたが、あいつにやったのもそんなたわいのないことだった」

著者の奥野は必ずしもそう考えていないようだが、Mを取りまく状況が、いじめそのものだったことがわかる。被害者の加賀美君が、直接、手を下していたかどうかは、別問題だ。閉じられた集団があり、そこにやや異質な一人と、均質な多数がいる。そして、異質な一人が標的とされることにより、残る均質な多数が団結する。それがいじめの構造だからだ。

Mは、サレジオ高校の寮で暮らしていた。つまり、Mにとって、閉じられた集団とは寮の中の小集団だった。では、なぜMは、寮生活をする前提で、サレジオ高校へ進学したのだろうか。別の資料（赤塚行雄『青少年非行・犯罪史資料2』刊々堂出版社）には、次のようなMの言葉が記されている。「楽をするよりも逆境や苦境に立ったほうがよい、僕は家に帰りたいが……」という言葉と、事件直後の「親の楽しみは僕だ」、「お父さん、いままで僕は、お父さんの言いつけにそむいたことはなかったよね」という言葉だ。

Mが寮生活を始めたのは、父親の指令だったことがわかる。それでは、父親とはどのような人物だったのか。再び奥野の著書を読むなら、Mの父親は「英才教育研究所」という事業を営む、教育熱心な人だったと記されている。また、事件後に父親は、「あのこと自体は見えない特殊な力で起きたことだ。祖父が金融業をやっていたのでその祟り」と述べ、親としての責任を認めなかったという。

芹沢俊介のいう教育家族（よりよい学歴を目的にした子育てが行なわれる家族）が、すでに出現していたことになる。同時に、「帰りたい」居場所としての「家」から閉め出され、いじめ集団にすがりつくしかないMの姿が、浮かび上がってくる。言い換えるなら、経済的貧困を限りなく遠景へ退かせる形で、関係の貧困がせりあがってきたと考えるしかない。

さて、Mに対する鑑別の結果をふまえ、横浜家庭裁判所が下した決定には、Mが精神病質（奥野の著書によると分裂病質）だとする内容が含まれていた。精神病質とは、簡単にいえば、今日の人格障害に相当する、旧い呼称だ。つまり、事件はMの個人病理ゆえに生じたと、断定されてしまったのである。

このように、学校的集団ないし教育価値への拘泥・居場所の剥奪・個人責任化という特徴が、この時点ですでに生じていたことは、記憶にとどめられるべきであろう。

二一世紀へ至る軌跡(1)

一九六〇年代末に生起した二つの事件は、その後、少年法改正をめぐる議論を呼び起こすことになった。

一九七〇年六月に、法務大臣が、年齢引き下げと検察官先議を内容とする少年法改正を、法制審議会に諮問した。これに対し、一九七一年八月に日本児童精神医学会は、「少年法改正に反対する声明」を発表し、同年の総会では少年法改正に反対するシンポジウムが開催された。このような中で、法制審議会少年法部会は、一九七六年に中間報告を提出するに至った。しかし、法曹関係者や市民の反対もあって、その時点では、少年法が改正されることはなかった。

その後の日本社会は、周知のように二度の石油危機を克服し、消費資本主義社会（国内総生産の半分以上が消費に基づく社会）へと、突入した。

続く一九八〇年代以降、二〇〇〇年代前半にかけて、少年事件は以下のような軌跡を描いた。詳しくは、私の別の著書（高岡健編『孤立を恐れるな！　新装増補改訂版』批評社、および芹沢俊介・高岡健『殺し殺されることの彼方』雲母書房）を参照していただくとして、ここでは概略のみを示しておきたい。

まず、家庭の中の事件としては、一九八〇年と一九九六年に、それぞれ金属バットによる殺人事件が起こった。前者は息子による両親殺害であり、後者は父親による息子殺害であった。いずれの事件も、まず親から子どもへの学校価値ないし教育を媒介とする支配が、先行していた。その結果、子どもは家庭の中に心の安らぐ居場所を、見出せないでいた。そして、ひとたび事件が起きると、なぜか子どもにではなく、子どもを追いつめた親に対して、同情が集まった。

この傾向は、二〇〇四年に茨城県で相ついで起こった両親殺害事件においても、同様だった。大学に進学しないなら習い事をしろと責められた水戸市事件も、仕事を探せと咎められたため、殺される前に両親と姉を殺害しようとした土浦市事件も、すべては引きこもりゆえの事件だと、個人責任化されたのである。

❖ 二一世紀へ至る軌跡(2)

次に、学校の中の事件としては、一九九八年に起こった黒磯市バタフライナイフ事件が挙げられる。女性教師が、指導中の男子中学生に刺され死亡したのだ。この事件は、保健室登校を繰り返していた男子生徒に対し、「異常はない」として教室へ帰るよう指示したことが発端だった。男子生徒は、教室へ戻る途中にトイレへ寄り、授業に約一〇分遅れた。それを「トイレにそんなに時間はかからないでしょ」という言葉で咎めたのが、女性教師だったのである。

その後、二〇〇四年に起こった佐世保市事件では、小学校六年生の女子児童が、女子同級生をカッターナイフで切りつけ、死亡させた。この事件は、学校における交換日記やインターネットのチャットの中で、加害少女が被害少女らの集団からはずされていると感じ、かつ、家庭の事情からミニバスケットボール部という居場所が、奪われていく過程で生じていた。そして、加害少女に対する非難は、少女の資質上の問題性と、それを見抜けなかった両親の養育態度に帰せられた。

どちらの事件も、学校という場を離れることが許されないまま、学校の中での居場所が剥奪されていることがわかる。違いがあるとすれば、前者から後者の事件へ移るにつれて、加害児童の資質を非難する傾向が強くなっていったという点だけだ。

さらに、地域の中の事件としては、一九九七年の神戸市小学生連続殺害事件（酒鬼薔薇事件）と、二〇〇〇年に起こった一連の「一七歳事件」がある。後者には、野球部の後輩から丸刈りにするよう言われたため、その後輩にバットで怪我を負わせ、帰宅後に母親を殴殺した岡山県での事件や、西鉄バスジャック事件などが含まれる。

これらの事件にも、学校価値による支配および居場所の剥奪という特徴は、共通していた。ただし、個人責任化が極限にまで推し進められた結果、加害少年が有する障害や精神疾患に、事件の直接的原因を求めようとする傾向さえもが、次第に出現するようになったことは、注目に値する。

二〇〇三年の長崎市園児殺害事件は、その典型だった。この事件は、中学一年の男子生徒が、大型電気店屋上で園児の服を脱がせ性器を傷つけた後、防犯カメラに気づいて動揺し、園児を手すり越しに突き落として逃走した事件である。男子生徒の母親は、生徒の学業の遅れや不器用さを心配して教育に熱心だったこと、また、生徒はいじめられた結果、自らの性器に治療を要するほどの傷を受けた過去があることが、わかっている。しかし、生徒がアスペルガー症候群を有していたことが判明するにつれて、これらの事情は等閑視され、「普通の子ではなく特別の障害を持った子が起こした事件」という誤った解釈が、一人歩きを始めてしまった。

このような個人責任化の過程で、厳罰化を伴う少年法「改正」（二〇〇〇年・施行は二〇〇一年）と、再「改正」（二〇〇七年）が強行された。その結果、一六歳以上の重大事件は大人と同じ裁判所で取り扱われることが原則とされ、また、一四歳に満たない少年でも少年院へ収容できることになった。加えて、二〇〇八年の再々「改正」では、重大事件の被害者等から申し出がある場合に、少年審判の傍聴を許す制度までが、導入されることになったのである。

❖ 関係の貧困

ここまでの流れを、もう一度、整理してみよう。

一九六〇年代末は、経済的貧困と関係の貧困が、少しずつ分離を始めた時期だった。分離が進行した結果、永山則夫事件とは異なり、サレジオ高校事件では、学校的集団ないし教育価値への拘泥と居場所の剥奪、および個人責任化が、発生しつつあった。

続いて、消費資本主義へと突入した日本社会における少年事件は、さらに経済的貧困を遠景へ押しやり、関係の貧困を一層、浮き彫りにした。関係の貧困の表現型は、とりもなおさず学校的集団ないし教育価値への拘泥・居場所の剥奪・個人責任化であり、それらの高度化は、関係の貧困が完成にまで近づいていることの、反映にほかならない。ちなみに、少年法「改正」と再「改正」は、関係の貧困をそのままにして、個人責任化をさらに推進する役目を背負っていた。換言するなら、二〇世紀から二一世紀へと至る過程で大きく変化したものは、関係の貧困そのものというよりも、関係の貧困に対する「まなざし」だったのである。

ところで、以上を関係の貧困の外面とするなら、私たちが同時に考えるべきは、関係の貧困の内面である。

かつて私は、少年が大人へと成長していくためには、親殺しを必須とすると述べたことがある（たとえば『人格障害論の虚像』雲母書房）。もちろん、その多くは現実の殺害ではなく、観念の上で実行される親殺しなのだが。

この視点を、さらに精緻化することは、関係の貧困の内面を、解明することにつながるだろう。そのためには、父親殺害と母親殺害を、いったん区別した上で、それぞれの本質を抽出していく作業が必要になる。これが、私たちの第一の課題だ。

そして、本質の抽出に成功したときには、二〇〇〇年代後半に惹起された新しい少年事件を、その内面において位置づけることが可能になるに違いない。言い換えるなら、個人責任化の果てに生じた、障害や疾患に事件の原因を求める思考を、捨て去ることが出来るということだ。これが、私たちの第二の課題である。

さて、現在、いわゆるリーマンショック以降の世界同時不況は、一億総中流社会を破壊し、再び人々に経済的貧困をもたらしつつある。それに伴って、一時期、英米日の社会を席巻することにより、人々の上に無限の息苦しさを植えつけた新自由主義は、退場を余儀なくされている。しかし、それに代わりうる政治経済思想も社会思想も、未だ確立されていない。

このとき、いったん分離された経済的貧困と関係の貧困は、もう一度、融合しはじめるのだろうか。その点を解明することもまた、私たちの課題である。

これらの課題に取り組むことによって、私たちは少年事件の原点を、掌中に収めることが出来るようになるだろう。

第一部

両親殺害の構造

第一章　板橋事件——父親殺害の帰趨

❖板橋事件と「改正」少年法

二〇〇五年六月、東京都板橋区の社員寮で、当時一五歳の少年Aが、父親を鉄亜鈴と包丁で殺害し、続いて母親を包丁で刺殺した。社員寮は、Aの両親が管理人をしていた建物であり、Aおよび両親は、その建物の一室で暮らしていた。殺害後、Aは、タイマーと電熱器を用いて社員寮内で爆発を起こし、草津温泉まで行ったところで逮捕された。これが、板橋事件である。

Aは、家庭裁判所から検察官へ送致（検送ないし逆送という）され、成人と同じ裁判所で、公判が行なわれることになった。事件に先立つ少年法「改正」により、一四歳以上一六歳未満の検送が、可能になっていたからだ。

大げさではなく、板橋事件は、国家の司法施策の成否を占うほどの意味を持っていた。序章に記した内容を、想起してほしい。小さな国家と自己責任を旗幟《きし》に掲げる新自由主義は、一人ひとりを必然的にばらばらにしていく。あまりにもばらばらになりすぎると、国が統治する社会が不安定化するから、そうならないために、国はいくつかの例外を設けた。例外のうちの一つが、司法の強化だった。

司法の強化は、二〇〇〇年に生起した、複数のいわゆる「一七歳事件」を契機に、少年法にも及んだ。その結果として生まれた「改正」少年法の根幹が、一四歳以上一六歳未満の検送だった。

検送された少年であっても、成人と同じ手続きで裁判を進めるより、少年のための司法手続きのほうが望ましいと判断されたなら、再び家庭裁判所へと舞台を戻すことは可能である（「改正」以前より、少年法の第五五条にはそのように定められているから、五五条移送と呼ばれる）。そうなってしまえば、新自由主義国家にとっては、何のために少年法を「改正」したのかわからなくなる。絶対に五五条移送をさせてはならない。それが、検察にとっての至上命令だった。

（私は、弁護団からの要請により、Aに接見し、鑑定意見書を作成した。そのため、報道されていないものを含めて、事件の詳細を知る立場にある。本章では、主に東京新聞で報道されている内容を基本にして、考察を進めていくが、必要最小限の範囲で、報道されていない情報も補足することにしたい。なお、そうすることによってAに不利益が生じることのないよう、弁護団の弁護士に、原稿の段階で意見を求め、修正を加えてある。）

✧ 一審判決(1)

板橋事件の一審判決は、二〇〇六年一二月に下された。懲役一四年だった。その内容を、東京新聞（二〇〇六年一二月二日）の報道に基づいて、確認しておこう。

まず、犯行に至る経緯については、次のように述べられている（読みやすくするため、読点の位置など、表記に変更を加えた）。

「少年は、一九九九年頃から寮の掃除を手伝うようになり、手伝いが増え、両親への不満を募らせていった。父親はたびたび厳しい口調で少年を注意するため、二〇〇四年九月頃には、殺してやろうと考えた。少年は友人に、『寝ているときに親を殺す』と、漏らすこともあった」

ただし、「二〇〇四年九月頃には、殺してやろうと考えた」という部分は、言いすぎだ。少年Aは、友人に対して「親を殺してー」などと冗談っぽく言ったことは認めているが、「寝ているときに親を殺す」と具体的に言ったことは否定している。Aの記憶に基づく限り、二〇〇四年九月の時点では、まだ殺意は芽ばえていないのである。だから、この部分は、あくまで裁判所がそう考えているというだけの話だ。

判決の内容を、続けて見ていこう。

「犯行前夜、テレビを見ていた少年の頭を父親が押さえつけ、『俺はお前と頭の出来が違うんだよ』と言ったとき、抑えてきた憎悪が高まり殺害を決意。同時に、母親だけ残すのはかわいそうと、殺害を決意した。殺害後は遺体が放置されることを懸念、ガス爆発させ、火葬するとともに、周囲に気づかせようとした」

「少年は、就寝中の父親の頭部に鉄亜鈴を六、七回打ちつけ、首に包丁を刺し、テーブルの下に逃げ込んだ母親が力尽きるまで、突き刺し続けた。強固な殺意に基づく、計画的な犯行だ」

❖ 一審判決(2)

続けて、弁護側主張に対する裁判所の判断が、以下のように記されている。

「弁護側は、両親が社員寮の管理業務を少年にも分担したのは虐待と主張するが、手伝いは平日午後二時間程度で、両親が少年の学業や交友を不当に妨げていたとはいえず、心理的虐待や継続的な暴行を受けていたとも認められない。父親が『完全自殺マニュアル』を少年に勧めたことは問題だが、父親から死ねと言われたと深刻な受け止め方を、少年がしていなかったことは明らか。両親への不満や憎しみは身勝手で、前夜の出来事が引き金になって犯行に及んだ」

「少年は、本件の重大性を真摯《しんし》に受け止めているとは認めがたい。性格、資質に大きな問題があり、改善を図る必要がある。人格の偏りは、親子関係のあり方に起因している面も大きい」

「社会に大きな不安を与えた凶悪重大事案で、少年の内省が、いまだ深まっているとはいえない。行為の重大さを認識させ、その責任を自覚させるため、行為の重大性に即した刑罰を与えることが必要。社会が納得し、少年が将来、社会復帰した際、社会が受け入れるためにも、刑事処分が相当」

さらに、一四年の懲役という量刑の理由としては、以下のように記されている。

「一五歳一〇ヶ月だった少年が、計画に基づき二人の人命を奪い、激発物破裂で公共の危険を生じさせた重大事案で、悪質。父親は一瞬に命を奪われ、無念は察するに余りある。母親の恐怖感や、肉体的苦痛も計り知れない。短絡的、自己中心的な犯行で、経緯や動機に酌む余地はなく、少年は衷心からの反省には至っていない」

「しかし、若年で矯正可能性も残され、事実を認め反省の弁を述べている。遺族の処罰感情は厳しくなく、親族が将来、受け入れると述べるなど、酌むべき事情もある。無期懲役刑を選択した上で、少年法を適用し、懲役一四年とするのが相当」

✧ 板橋事件の背景

少し、解説を加えてみよう。

まず、「寮の掃除などを手伝う」ということの、実態についてである。

少年Aは、小学校二年生から、玄関・廊下・風呂・食堂・卓球場の掃除をさせられていた。父親は「まだ汚い」と言いながら、Aの顔を箒で突いた。「まだ汚い」という父親の言葉に反論すると、父親はAのゲームソフトを十手（父親は十手を集めていた）で壊そうとした。

中学生になった頃、Aは「何で掃除ばかりしなきゃいけないんだ」と、父親に尋ねた。父親は「親の手伝いをするのは常識だ」と怒り、ゲーム機を壊した。こうして壊されたゲーム機は、計二〇台にも及んだ。同じ理由で、携帯電話を折られたり、パソコンを取り上げられたこともあった。

報道されているだけでも、これだけの事実が明らかになっている。およそ手伝いのレベルを越えて、使役というべき状態だったことがわかる。否、手伝いを拒否すればAにとって大切なものが壊されるという点からは、強制労働と呼んだほうが正確かもしれない。しかも、労働を強制した父親は、働く少年を残して、よくオートバイのツーリングに出かけていたことも知られている。

次に、虐待という評価に関してである。

よく知られているように、狭義の虐待には、身体的虐待、心理的虐待、性的虐待、養育放棄（ネグレクト）の四つが含まれる（また、狭義の虐待に相当しないものの、不適切としかいいようのない養育を、広義の虐待もしくはマルトリートメントと呼ぶ）。

このうち、最も見逃されやすいものが、心理的虐待である。繰り返される悪罵は、人の心から尊厳を奪う。だから、心理的虐待は、身体に傷を残すことはないとはいえ、心に深い傷跡を残す。Aに対しては、事件直前の「俺はお前と頭の出来が違う」以外にも、同様の悪罵が繰り返し、父親から浴びせられていたことが、公判で明らかになっている。つまり、一審判決は、心理的虐待を見逃してしまったのである。

なるほど、ゲーム機や携帯電話を壊す行為は、Aの身体に直接の危害を加えるものではない。しかし、その行為は、労働以外の選択肢を不可能にするため、Aから自由を奪ってしまう。強制労働がもたらす肉体的苦痛以上に、自由を奪われる精神的苦痛の方が大きいといっても、過言ではないだろう。ここでも、一審判決は、虐待の影響を、正確にとらえようとしなかったというしかない。

付け加えるなら、一審判決は、父親が『完全自殺マニュアル』を少年に勧めたことのみを例示しているが、その他にも、父親は怖がるAを犬の入ったダンボール箱に入れ、笑っていたことを、Aは後になって思い出している。

それでは、板橋事件とは、虐待に対する反撃にほかならないと考えればいいのだろうか。事態は、それほど簡単ではない。虐待は、あたかも網の目のように、虐待を被る人の表面を覆いつくし、身動き出来なくしてしまう。そもそも、簡単に反撃しうるほど、虐待という網の目は、脆くはないのである。

✧ 父親殺害はなぜ起こったか(1)

虐待と事件との複雑な関係を考えるためには、ほんとうは、父親のたどった人生を一つずつ確認していく作業が、最初に必要になる。そのことによって、なぜ父親は狭義や広義の虐待に手を染めるようになったのかという点が、浮かび上がるからである。しかし、そうするためには、多数の報道されていない事実を拾い上げざるをえないし、また、そこには公開に差し障りのある事実も含まれるかもしれない。それゆえ、ここでは虐待によって生じたAの心理を、時系列に沿って、少しだけ細かく検討することから始めることにしたい。

最初のキーワードは「二重拘束」である。二重拘束とは何かを説明するために、例をあげてみよう。

ある少女の目の前に、ヒロシと名づけられた人形が置かれる。少女に対し、男が人形の名前を尋ねる。少女が「ヒロシ」と答えると、「先輩を呼び捨てにするとは何ごとだ！」と殴られる。少女には、ヒロシという名前の先輩がいたのである。そこで少女が「ヒロシさん」と言い直すと、今度は「人形に『さん』をつける馬鹿がいるか！」と殴られる。こうして、少女は、どのように応答しても、殴られ続けるしかなくなるのである。

これは、実際にあった少女監禁殺害事件での例だ。板橋事件の少年Aの場合にも、父親がAに掃除すべき場所を指示し、Aがそこを掃除したにもかかわらず、「何でこんな所を掃除したんだ！」と叱りつけたことが知られている。このような二重拘束は、Aに対して回答不能の質問を投げかけるに等しい。そのため、Aは考えることを一切停止して、ただ父親の要求に、黙々と応じるしかなくなるのである。

こうして、Aは理不尽というしかない使役もしくは強制労働に、従わざるをえなくなっていく。時折、それに疑問を呈したとしても、ゲーム機や携帯電話を壊されるだけだから、反抗することもできない。そのことは、すでに見てきた通りだ。

ここで、次のキーワードが必要になる。それは「狭窄《きょうさく》」である。狭窄とは何かを示すため、やはり実際にあった例をあげてみよう。

ある男子中学生が、学校でいじめを受けていた。その中学生は、取り囲まれて殴られるとき、ひたすら受身で、まるで自分ではない人間が殴られているかのように感じながら、やりすごす術《すべ》を覚えた。そうすれば、痛みを感じないで済むのだ。

このように、狭窄は、逃れることの出来ない状況に際して生じる、屈服による無感覚反応である。つまり、感覚を麻痺させ、すべてをやりすごすことによって、辛うじて自分を守ろうとしているのだ。

逃れることの出来ない状況の代表は、いうまでもなく虐待である。実際に、ひたすら父親に従うしかなかったAは、自らの心理について、「奴隷」と述べるとともに、「未来はなかった」「ロボット」「無機質」と、弁護人らに対し陳述している。いずれも極めて正確で、端的な表現だろう。

Aは、「ロボット」のように社員寮で働いていた。言い換えるなら、強制された仕事を繰り返すことで、「未来のない」、「無機質な」日々をやりすごしていた。そうすることにより、怒りや攻撃といった感覚を、切り離し麻痺させていたのである。

❖ 父親殺害はなぜ起こったか(2)

ところが、その狭窄すらも、崩れ去るときがやってきた。それが、事件前夜の、父親による言葉だった。ここで、「俺はお前と頭の出来が違うんだよ」という言葉の前後を、もう少し正確に再現してみるなら、以下のようになる。

まず、午後一一時頃、父親がAの部屋に入り、「テレビばかり見ていないで勉強しろ」と言った。Aは、さっきまで読んでいた参考書を見せたが、父親は「こんなものが勉強になるか、工業生のくせに」と怒鳴った（Aは工業高校に通っていた）。Aは、「あんただって工業生だろう、しかも中退しているし」と、言い返した（父親は工業高校中退で、その事実に劣等感を抱いていた）。すると、父親は、Aの頭を右手でつかみ縦に揺すりながら、「俺はお前と頭の出来が違うんだよ」、「俺はちゃんと自分の仕事をやっている、お前とは違うんだ」という言葉を吐いた――。

では、このようなやりとりが、狭窄を突き崩すことになった理由は何だろうか。

第一に、「あんただって工業生だろう、しかも中退しているし」というAの言葉は、単に父親の劣等感を刺激したにとどまらず、Aが父親と同じく工業高校を中退する恐れを、父親の中に呼び起こした。そのことを、以下に説明してみる。工業高校を中退したという劣等感は、父親の中に沈殿したままであり、それを代償しようとすれば、代わりにAを大学へ進学させるしかない。実際に、父親はAを大学へ行かせようと考えていた節がある。たとえば、Aが中学生の頃、父親はAに「大学を卒業するまでは、一人暮らしはさせない」と言っているのである。

第二に、そうであるがゆえに、その夜の父親の言動は、従来にない強度を持つことになった。

頭を縦に揺するという行動は、これまでにないものであり、先に記した理由が父親にもたらした混乱の反映である。

第三に、混乱の果てに父親が吐いた、「俺はちゃんと自分の仕事をやっている」という言葉は、Aが日々をやりすごすためにとっていた、「ロボット」のような仕事すらも、否定することになった。父親の命令に従って仕事をしていたのに、それすらも否定されたなら、「ロボット」のような人生さえもが、成り立たなくなる。

こうして狭窄は崩れ、その下に隠されていた怒りと攻撃が、姿を現すことになった。繰り返すなら、狭窄が生じるほどの虐待状況に置かれていたAが、その狭窄すらも維持できなくなるほど混乱を極めた父親の言動により、それまで隠されていた怒りと攻撃を、露出させたのである。

だから、一審判決が重視すべきだったのは、父親による「俺はお前と頭の出来が違うんだよ」という言葉よりも、「俺はちゃんと自分の仕事をやっている」という言葉だった。そして、その言葉へと至る構造だった。ここを間違えたなら、父親殺害がなぜ起こったか、答えようがなくなるのは当然といえる。その結果、一審判決は、「短絡的」という表現で、Aを論難するしかなかった。

◇母親殺害はなぜ起こったか(1)

だとすると、父親殺害のみで十分だったのではないか。何も母親まで、殺す必要はなかったのではないか。そういう疑問が、必然的に生じてくる。この点について、考えてみよう。

少年Aは、母親を包丁で、多数回にわたって刺している。刺した回数を根拠に、母親に対するAの憎しみは、父親に対するよりも、もっと深かったに違いないとする、単純な解釈もある。しかし、その解釈は正しくない。なぜなら、次のような事実があるからだ。

事件の順序はこうなっている。まず、Aは、父親を殺そうと決め、目覚まし時計を午前四時にセットした。この時点で、父親殺害の方法は考えてあったが、母親殺害の方法までは考えていなかった。予定通り父親を鉄亜鈴と包丁で殺害したあと、Aはベッドに座っていた。そこへ、母親がやってきた。Aは無我夢中で、母親に対して闇雲に包丁を突き刺した。何回、突き刺したかは覚えていない。そのとき、母親は何かを叫んだが、どういう言葉だったかも覚えていない――。

母親を深く憎んでいたから、多数回にわたって刺したのではないことがわかる。呆然としているところへ、急に母親がやってきたがゆえに、具体的方法を計画することなく、あわてて闇雲に突き刺した。その結果が、多数回になってしまっただけだ。

ちなみに、人間は、不安・恐怖・驚愕などによって、不合理な行動をとってしまうことがある。そのとき、記憶の多くが欠損しているなら、それは情動行為もしくは情動反応と呼ばれる。Aの場合、父親殺害の直後に、予想よりも早く母親が現れたことに驚愕し、そのため包丁を闇雲に突き刺すという、不合理な行動（急所に一回だけ刺すほうが、殺すためには合理的である）をとったのだから、まさに情動行為が生じていたのだ。刺した回数や、母親の叫んだ言葉を覚えていないのは、その証左である。

憎しみが深かったから殺したのではないとすると、なぜAは母親殺害にまで、突き進まざるをえなかったのか。それを知ろうとすれば、やはりAの心理を、時系列に沿ってたどっていくしかない。そのために、東京新聞（二〇〇六年一一月二七日）に報じられた、いくつかのエピソードを列記してみよう。

Aは母親べったりで、二人は一緒によく映画を見に行った。一方で、母親は教育熱心であり、Aは小学校一、二年からピアノ教室と英語塾に通い、四年のときには英国で三週間のホームステイを経験した。「言葉が通じないから行きたくない」というAを、母親が説き伏せたのだった。

ところが、小学五年の頃から、母親は変わった。たとえば、「小さいときは格好良かったのに、今は何でこうなのかね」と呟くようになった。また、父親が、掃除のことで言い争った罰としてAの部屋に南京錠をかけ、使用できなくしたことがあった。そのとき母親は、「しょうがないいんじゃない」というだけで、Aを助けてくれなかった――。

それでは、母親が変わったとき、どのようにAは感じたのか。新聞報道が正しければ、事件後に面会に来た叔母に対して、Aは「最初は、お母さんと僕が一緒で二対一だった」「でも、気づいたときには、僕があの家でひとりぼっちになっていた」と語ったという。他方で、Aが中学三年生になると、母親は「死にたい」と漏らすようになった。

✧ 母親殺害はなぜ起こったか(2)

一つひとつのエピソードは、一見、小さく映る。しかし、「気づいたときには、僕があの家でひとりぼっちになっていた」という述懐は、無視しえないほどの重みを含んでいるのではないか。

ここで、いくつかの補足が必要だろう。

第一に、「教育熱心」な母親に対して、この時期のAは、どのような気持ちを抱いていたのか。それは、A自身の言葉によると、「お母さんと一緒に頑張るぞー」という気持ちだった。この気持ちを、母親との一体化願望と呼んでも的外れとはいえないだろう。「お母さんと僕が一緒で二対一だった」というAの言葉は、その証左である。

第二に、自室に南京錠をかけられて締め出されたにもかかわらず、母親が助けてくれなかったとき、Aはどう感じたのか。それは、Aの表現によるなら、「えー、何これ」というものであった。つまり、母親との一体化願望は続いていたが、それが必ずしも実現しない事実に直面し、どう考えればよいか、わからなくなりはじめたのである。付記するなら、この頃から母親は、Aの言動について、父親に「告げ口」をするようになっていた。それでもAは、母親を嫌いになったわけではなかったと述べている。

第三に、母親が「死にたい」と漏らすようになったとき、Aはどう応じていたのか。Aは、「元気だしなよ」と母親に声をかけていた。けれども、それに対し母親は、「うるさい」と拒絶するばかりだった。この時点でAは、母親との一体化願望を維持しつつも、絶望がそれを上回りつつあったことは想像に難くない。ただし、それはあくまで絶望であって、敵意とは異なる。

もちろん、このような三段階の変化がAと母親との間に生じるためには、前提として母親と父親との関係に、何らかの変化が生じていたと考えざるをえない。しかし、その詳細に立ち入るためには、やはり公開に支障のある事実を扱わざるをえないであろう。したがって、ここでは母親が父親に従属していく過程が徐々に進行していたことを、示唆しておくだけにとどめたい。

いずれにしても、そのような過程の中で、Aは父親に従属させられる自分と、同じく父親に従属させられる母親の立場を、知らずしらずのうちに重ね合わせていた。つまり、絶望の中にあっても、母親との一体化願望は形を変えて続いていたといえる。

このように考えてくると、Aが母親を積極的に殺害しなければならなかった根拠は、なかったことになる。一審判決は、「母親だけ残すのはかわいそう」という心理状態に、Aが陥っていたと述べている。だが、いわゆる無理心中でない限りは、敵意なき絶望のみで、人は人を殺しえない。すなわち、すでに検討してきたように、母親殺害は驚愕によって引き起こされた情動行為であって、父親殺害という本質に比べると、副次的な位置に属すると考えるほかないのである。

❖ なぜ激発物破裂を起こしたか

本章の冒頭に記したように、少年Aは、タイマーと電熱器を用いて、社員寮内で爆発を起こしている。より正確に述べるなら、これに加えてスプレー缶を用いているだけだから、装置としては大した規模のものではない。

この激発物破裂の目的は、一審判決が記している通り、「(両親を)火葬するとともに、周囲に気づかせようとした」点にあった(つまり、一審判決でさえ、証拠隠滅のためとは見ていない。爆発させれば、かえって事件現場の発見を早めることになるから、証拠隠滅とは考えられないのは当然であろう）。ちなみに、「火葬」にあたって、Ａは母親の遺体を、父親の傍にまで運んでいる。

ややや不可解に見える、これら一連の行為について、ここで簡単に触れておくことにしよう。

事件を引き起こした時点でのＡの心理は、父に対しては「怒りと攻撃」であり、母に対しては「一体化願望と絶望」であったことは、すでに述べた。これらのうち、「怒りと攻撃」は、「周囲に気づかせようとした」ことと関連する。Ａは、怒りと攻撃の結果としての父親殺害を、その時点では正当と考えていた。だからこそ、周囲に気づかせようとしたのである。

他方、「一体化願望と絶望」は、「火葬」と関連する。絶望の下では、Ａが母親とともに生きるという選択肢は不可能に近く、一体化願望に辛うじて釣り合う行為は、もはや「俺の両親ですし、俺が殺すわけですから、せめて火葬くらいは俺がしてやろう」（Ａの言葉）ということ以外に、思いつかなかった。だからこそ、Ａは、二人の遺体を並べ、せめてもの「火葬」を営んだのである。

このように、「怒りと攻撃」「一体化願望と絶望」という二つの心理は混淆《こんこう》し、「周囲に気づかせようとした」「火葬」という二つの意味を持って、不可解にも見える爆発行為へと結びついていったといえよう。

なぜ草津温泉へ向かったのか

さて、蛇足のように見えるが、Aがなぜ草津温泉へ向かったのかという問いは、意外にも重要な意味を帯びている。

もちろん、温泉旅行などしたことのないAにとって、草津行きは、社員寮での息詰まる生活から解放された、つかのまの自由を意味するものだった。また、つかのまの自由が可能になったのは、先に述べた狭窄という機制が崩れたからだった。

だが、次のような他愛のない事実を、あえて補助線として引いてみるなら、より立体的な理解が出来るようになる。その事実とは、次のようなものだ。

中学三年の冬、Aは、友達に誘われて空き家へ侵入した。友達の家は、家族が留守のときは入らないでほしいと言われていたから、寒さを逃れるため、空き家に入ったということだ。このときは楽しい気持ちだった。しかし、それが見つかって教師から叱られた。また、父親からは、「何で常識がわからないんだ、馬鹿」と怒られた——。

たった、これだけの事実だ。

中学生よりももっと低い年齢の子どもであれば、秘密の基地に見立てた空き家へ侵入することはあろう。空き家でなく、土管の中などであれば、昔のたいていの子どもは、そこでそれなりの時間を仲間と過ごしていたはずだ。Aは、それを中学三年生になって行なっている。

おそらく、幼少時にAは、同様の体験が出来なかったのだろう。そう考えると、この小さな「侵入」事件は、子どもが家の内から外へ向かう共同行動を、遅ればせながら実行していることを意味する。また、父親の支配する家から、擬似的にではあれ、出たかったのだろう。そうであれば、この「侵入」事件は、家出を縮小した行動だともいいうる。

いずれであったにしても、Aによる空き家への侵入は、教師からも父親からも、単に非常識な行動としてしか見られず、叱責を受けるだけだった。つまり、共同行動としてであれ、擬似的な家出としてであれ、小さな行動に含まれる意味は全く考慮されず、ただ封殺されてしまったのである。

A自身は、草津温泉行きを、端的に「旅行」と呼んでいる。まさに、その通りだろう。Aにとって草津温泉行きは、かつての空き家への侵入が内包していた家からの脱出が、やっと可能になったことを意味していたのである。

❖ 二審判決

一審判決は、父親殺害と母親殺害の意味を見抜けず、凶悪重大事案であり社会が納得しないと、ただ繰り返すばかりであった。

それでは、二〇〇七年一二月に下された、二審判決はどうだったのか。ここでも東京新聞（二〇〇七年一二月一八日）の記事に則って、確認しておこう。

まず、一審とは異なり、二審は「父親の不適切な養育が続けられており、少年の自尊心を傷つける虐待があった」と指摘した。具体的には、「父親が、少年の幼少時から大事にしていたゲーム機を壊し続けた」、「五歳頃の少年を、怖がるにもかかわらず、犬の入ったダンボール箱に入れた」、「自殺方法を指南した本を少年に勧めた」という三点をあげ、不適切な養育と心理的虐待を認定し、「しつけの範囲内で身勝手な犯行」とした一審の判断を否定した。

その上で、Aの日記などから、Aには人間的成長がうかがわれると述べ、矯正の可能性がある点にも言及した。さらに、「刑務所の現状を前提とする限りは、少年院での処遇が望ましい」とも述べた。

心理的虐待を認め、少年院での処遇が望ましいのであれば、家庭裁判所へ戻せばいい（五五条移送）。しかし、弁護人のこの主張は、なぜか認められなかった。続けて、二審判決を見てみよう。

「計画的な犯行で、母親殺害には独善的な動機しかなく、ガス爆発で他人を危険にさらした。悪質性や結果の重大性に照らすと、刑事処分にした一審判決は間違っていない」

一審と同じく、二審も、母親に対するAの心理をとらえることができず、母親殺害の意味を理解することに失敗した。母親殺害を、あくまで父親殺害と並ぶ凶悪犯罪として位置づけようとしたために、副次的なものと考えることを放棄した結果だろう。

こうして二審は、懲役一四年とした一審判決を破棄したものの、懲役一二年を言い渡したのである。やはり、「改正」少年法の根幹である、一四歳以上一六歳未満の検送による厳罰化を、高等裁判所もまた死守したというしかない。

では、二審判決を、Aはどうとらえたのだろうか。同じ記事によると、Aは、二審判決前から「どういう結果が出ても受け入れる」と話しており、「親がどうであっても、自分の罪は罪」と認識するように変わってきたという。そして、二審判決後は、弁護人に対し、「自分の罪を償うために、残りの人生を過ごしたい。いろいろな人が支えて下さって、感謝している。これで十分です」と述べたという。

父親殺害の彼岸

このように、板橋事件は、あくまで父親殺害を本質とする事件だった。そして、父親殺害を完遂した少年Aは、いまや「親がどうであっても、自分の罪は罪」、「これで十分」と認識するに至っている。

まっとうな認識というべきだろう。同時に、このような認識に至るまでの道程は、相当に苦しいものだったろう。これらはすべて、Aの成長を物語っている。

では、成長のためにAは、父親を殺害するしかなかったのか。誤解を恐れずにいえば、支援者のいない当時の状況を前提とする限りでは、殺害するしかなかったと、私は思う。父親殺害の彼岸にしか、大人としてのAの人生を思い浮かべることは出来なかったと、言い換えてもよい。

第三章で詳しく検討するように、私は、どの少年も、父親を殺害することによってしか、大人になれないと思っている。もちろん、多くの場合は、現実の殺人ではなく、観念上の殺人が行なわれるのであるが。

しかし、Aの場合は、観念上の父親殺害が禁じられていた。なぜなら、狭義と広義の虐待によって、Aの心には狭窄という「奴隷」状態が生じていたからだ。

もちろん、Aが「奴隷」状態を脱し自由な大人へと成長するためには、「家出」という方法もありえた。しかし、それさえもが不可能になっていたことを、すでに私たちは知っている。

もう一つ、母親が「奴隷」状態を打破する支え手となる道筋も、ありえなかったわけではない。だが、虐待という親子間の支配－被支配関係は、しばしば両親（夫婦）間の支配－被支配関係を伴う。Aの場合にも、母親が父親に従属していく過程があったに違いないが、そればかりではない。「教育熱心」な母親に、Aが応じられなくなった時点で、母親は支え手となることを、放棄しはじめていた。「小さいときは格好良かったのに、今は何でこうなのかね」という呟きは、実は母親とAとをつなぐ道筋が、すでに塞がりつつあったことを物語っている。

繰り返すなら、観念上の父親殺害が禁じられていたがゆえに、そして、母親が支え手となる道筋もまた塞がれつつあったがゆえに、Aは現実の父親殺しを行なうほかなかった。考えてみると、Aの場合のような、狭義ないし広義の虐待に由来する「奴隷」状況は、現在の日本社会では、例外とは必ずしもいえないのではないか。

私たちは、これらの事実から、少年が成人になるための条件と、それを阻害する条件を導き出すべきかも知れない。だが、性急な結論を求めることは避けよう。結論を求めるのは、板橋事件とは対照的な、母親殺害を本質とする事件を取り上げた後でも、遅くはないはずだ。

第二章

大阪姉妹刺殺事件——母親殺害の反復

✧ 二つの殺人事件

二〇〇五年一一月、大阪市内のマンションで、飲食店員の姉妹が、当時二二歳のYにより刺殺された。Yは、マンション四階の姉妹の部屋へ侵入し、そこへ帰宅した姉がドアを開けた瞬間に、突き倒して内鍵をかけた。そして、姉を壁にもたせかけ、何度も顔や腕を刺した。そのとき、妹が帰ってきた。Yは、妹の口を塞ぐと、胸にナイフを刺した。その後、Yは、ベランダで煙草を吸い、放火して逃げた。これが、大阪姉妹刺殺事件である。

二二歳の成人による事件だが、Yは、一六歳だった二〇〇〇年七月に、実の母親を金属バットで殴り、殺害していた。二つの事件の連続性を考える立場をとる限り、大阪姉妹刺殺事件もまた、少年事件としてとらえねばならないだろう。

序章でも触れたように、Yが母親を殺害した二〇〇〇年は、少年事件が簇出《そうしゅつ》した年だった。豊川市主婦殺害事件や、西鉄バスジャック事件は、その一部だ。それらの事件は、加害少年に共通する年齢にちなんで、「一七歳の犯罪」と呼ばれた。しかし、Yによる母親殺害は、同じ二〇〇〇年に引き起こされた犯罪であるにもかかわらず、他の事件ほどには注目を集めなかった。

母親殺害時のYの年齢が、誕生月の関係で未だ一七歳ではなく、一六歳だったからだろうか。それとも、これから詳述するように、一見した限りでは、不可解ではない事件だと思われたからだろうか。いずれにしても、Yによる母親殺害は、大阪姉妹刺殺事件が起こるまでは、ほとんどの人の記憶から、忘れ去られていたといえよう。

しかし、大阪姉妹刺殺事件から遡って照らし出してみると、Yによる母親殺害事件は、さまざまな疑問を私たちに投げかけてくる。それらの疑問を、これから一つずつ、ときほぐしていくことにしよう。

（なお、私は、弁護人からの依頼により、拘置所で一度だけだがYと接見するとともに、膨大な事件記録を閲覧している。それらに基づいて、精神鑑定の必要性を訴える意見書を、作成したのである。しかし、実際の精神鑑定は別の医師によって行なわれたし、事件に関する記録は、すべてシュレッダーにかけて処分してしまった。そのため、ここでは主に共同通信社大阪社会部配信の連載記事「『反省』が分からない」（二〇〇八年三月一七日～八月一一日）をもとに、考察を進めることにする。ただし、Yと接見したときの手ごたえや、記録の読み込みを通じて浮かんできた連想が、考察に影響を与えていることを否定しない。）

❖ Yの両親(1)

共同通信による連載記事を参照しながら、Yの生い立ちをたどってみよう（記事には、Yという名前ではなく本名が記されているが、ここでは少年事件に準じて、イニシャルを用いることにする）。

Yは、一九八三年八月に、山口市で生まれた。Yの母親は、当時の国鉄に勤める父と、華道を教えていた母のもとで、厳格に育てられた。そのためか、結婚して早く家を出たいと望み、二〇歳で結婚したが、六年後に離婚した。離婚に際して娘を引き取ったが、二、三日後、娘を一人でバスに乗せ、別れた夫のもとへ送りかえした。別れた夫は、Yの母親を評して、「あまり母性が感じられなかったね」と述べている。

Yの母親は、二九歳のときに、一歳下でパチンコ店勤務の男と再婚した。この男が、Yの父親である。

Ｙの父親は、酒を飲んでは、ガラスを割るなど大暴れをした。父親が暴れると、母親は隣に住むＹの父方祖母宅へ逃げ込んだが、その祖母も酒癖が悪かった。しかし、父親は、酔いが醒めるとおとなしかった。

父親は、酒浸りの結果、肝臓を壊して倒れ、働けなくなった。登校前に、父親が洗面器に血を吐くのを見たＹは、あわてて母親の勤め先に電話をした。しかし、母親からの返事は、「放っておきなさい」だった。Ｙが学校から帰ると、父親は動かなくなっていた。母親の言葉は、またもや「死んだらええ」だった。

病院へ運ばれた父親は、まもなく死亡した。通夜の席で、母親は「死んでせいせいした」と話していた。葬式後、精進落としで酒を酌み交わす大人たちに対し、Ｙは「お父さんが死んだのに、喜んでいるのか」と、食ってかかった。Ｙは、「母親が父親を殺した」と思うようになっていった。そして、父親の形見の着物を大切にしていた。

Ｙの両親(2)

Ｙの父親が、厳密に医学的な意味で、アルコール依存症であったかどうかは、今となっては誰もわからない。それでも、父親がアルコールに依存し、かつ酩酊して粗暴な行動をとって、最後に死亡した事実だけは、疑いようがない。

アルコールへの依存は、他の物質への依存と同じく、人間への依存を本質とする。人生の中で、人間に依存したかった人が、それがかなえられなかったため、代わりにアルコールに依存せざるをえなかったという意味だ。

Yの父親の場合、すでに記したように、その母（つまりYの父方祖母）もまた、酒癖が悪かった。おそらく、そのためにYの父親は、自らの母に甘えることが出来ない人生を歩んだ。そのぶん、人間に代えて、アルコールに依存せざるをえなかったのだろう。

アルコールに依存する男性と結婚した女性は、しばしば献身的なまでに、男性に尽くそうとする。たとえ、その男性が、いつも酩酊のあげく、暴力を振るうような人間であったとしてもだ。否、酩酊し暴力を振るうような人間であればあるほど、さらに献身的になると言ったほうが、正確かもしれない。

これらは、アルコール依存症の治療者の間では、よく知られている事実だ。その女性にとっては、特定の他者に尽くすことのみが唯一の喜びだから献身的になるのであり、その意味では、世話をすることへの依存といってよい。つまり、依存したい人と、依存されたい人同士が、結婚しているということだ。

Yの母親の場合は、どうだったのだろうか。多分、世話をすることに依存するような女性ではなかったのだろう。離婚に際して引き取った娘を、一人でバスに乗せ、別れた夫のもとへ送りかえしている事実は、そのことを物語っている。

逆に、Yの母親は、厳格に育てられ、結婚して早く家を出たいと望んでいた。つまり、暖かく包んでくれる男性を求めていた。しかし、現実は正反対だった。そのために、母親は心を閉ざし、Yの父親に対し、「死んだらええ」「死んでせいせいした」とさえ、思うようになっていったのである。

ところで、同じ連載記事によると、父親についてYは、「器用で、木工を教わった」、「一緒にハゼ釣りに行った」と、理想化して記憶しているという。実際の父親は、素面《しらふ》ではおとなしくとも、酔ったときは粗暴だったはずだ。なのに、どうして父親の良いところばかりを、Yは語りたがるのだろうか。

対照的に、母親についてYは、「僕に何も打ち明けてくれなかった」、「子どもの頃、遊んでくれなかった」と述べつつ、鬼であるかのように非難しているという。たしかに、Yに対し母親は、過去の離婚経験や、娘の存在を隠し続けたことが知られている。Yが母親に再三、尋ねたにもかかわらずである。しかし、そうであったにしても、どうして鬼とまで感じなければならなかったのだろうか。

結局、心を閉ざした母親は、わが子であるYに対しても、愛情を供給することが出来なかったのである。母親が愛情を供給してくれないぶんだけ、Yは父親から愛情を注がれていると、無理やりにでも信じようとした。しかし、その父親は亡くなった。そこでYは、「母親が父親を殺した」と思った。その延長上に、Yは母親を殺害した。つまり、Yにとって母親殺害は、父親の仇討ちを意味していた――。

そう考えても、あながち間違いとはいえないだろう。しかし、何かが足りないような気がする。私たちは、もう少し、Yの人生の軌跡をたどっていかねばならない。

❖ 小学校時代

Yの小学校時代におけるエピソードを、同じ連載記事から抜粋してみよう。

小学校入学時から、Yは、落ち着きのない子どもと見られていた。一年生では泣き出すことが多く、二年生になるとよく喧嘩をし、三年生でもすぐカッとなった。友達の首を絞めて、教師が三人がかりで止めたこともあるという。

一方で、Yは、三年生のスポーツ行事で、嬉しそうに母親にまとわりついた。他の子どもは人前でそんな姿を見せないため、当時の担任は不自然に感じ、「日頃、出来ないからかな」と思ったという。なお、三年生時の担任を、Yは慕っていたという。

四年生では、当時は空前のドッジボールブームであったにもかかわらず、Yは「何が面白いの、ドッジボールなんか」と言いながら、子ども向けの推理小説を読みふけっていた。担任の目からは、Yはカッとなる自分を抑えているように見えた。

その後、先述のように、父親が死亡した。父親の葬式が営まれたアパートの部屋は貧しく、ただゲーム機だけが真新しかった。父親死亡後の五年生時、Yは弱い子を相手に暴れ、二階から飛び降りると騒いだ。逆に、クラスメートから、靴を隠されるなどの、いじめを受けるようにもなった。Yは母親に相談したが、「あっ、そう」と言われただけだった。

家庭科の料理実習に、Yは材料費を持っていくことが出来なかった。すでに、生活が苦しくなっていたからだ。「お金を持って来てないんだって」と、こそこそ話すクラスメートの中で、焼けたマドレーヌを、Yは食べようとしなかった。担任教師から「食べないなら捨てなさい」と言われ、Yはそれを捨てた——。

これだけのエピソードからでは、後の公判で議論になるような何らかの障害を、Yが有していたかどうか、判断することはできない。それどころか、小学校三年生時の担任を慕い、母にまとわりついていく姿からは、後に登場する人格障害説や発達障害説が指摘する、生来の共感性の欠如についても、はなはだ疑問に映る。

それよりも、Yのかたくなさは、周囲のまなざしや扱いによって、増強しているのではないか。ここでいうYのかたくなさとは、対人関係における潔癖さと、言い換えることもできる。料理実習で、マドレーヌを食べず捨てたエピソードは、そのことを示している。

いずれにしても、このようなYの特徴を、母親は受け入れることが出来なかった。それを端的に示しているのが、いじめに際しての「あっ、そう」という母親の応答である。ただし、この時点では、母親は、Yから完全に愛情を撤去してしまったとは思われない。なぜなら、父親の葬式が営まれた貧しいアパートの部屋にも、真新しいゲーム機が置かれていたからだ。

⚘ 中学校時代

続いて、中学校時代のエピソードを列挙してみる。

Yは、中学一年生の担任とは、相性が良かった。担任は、落ち着けるように、一番前か一番後ろの端の席を、Yの指定席にした。後にYは、この担任を「一番良かった先生」と呼び、「私の扱いをよく知っていた。居られる場所をつくってくれた」と感謝した。

一方、Yは金持ちの家の子どもが多い、テニス部に所属した。テニス部では、母に買ってもらったラケットを、イライラしては地面に叩きつけ、四、五回も折った。

中学二年生時、Yはいじめを受け、それから学校へ行かないことに決めた。三年生になると、家に帰らず、暴走族を頼ったこともあった。母親は心配し、「二〜三日帰ってこない」、「まだ帰ってこない」と、ノートに書きつけた（ちなみに、母親の別の手帳には、Yの誕生日に印がつけられていた）。しかし、いざYが帰っても、母親はそっけない態度しか取れなかった。

母親は、高校への進学を希望したが、当時のYの学力は合格には程遠く、また、就職試験にも失敗して、卒業を迎えた――。

これらのエピソードからも、何らかの障害の有無についての判断を、下すことはできない。また、中学一年生時の担任への感謝からは、共感性の欠如が生来のものかどうか、やはり疑わしくなってくる。

Yのかたくなさ、ないし対人関係における潔癖さが、周囲のまなざしや扱いによって増強している点も、小学校時代と共通している。いじめを受けるや否や、Yは誰に相談することもなく、「学校へ行かない」と決めているのである。

そして、このようなYの特徴を、やはり母親は、受け入れることができなかった。心配した末にYが帰宅しても、母親はそっけない態度しか取れなかったのである。それでも、母親がYから完全に愛情を撤去してしまったとは、やはり思われない。なぜなら、Yがラケットを四、五回も折ったということは、母親が四、五回も買い与えたであろうことを示しているし、何よりも母親は、ノートに「まだ帰らない」と記し、手帳にはYの誕生日に印をつけているからである。

ここまで確認してくると、母親を鬼に喩えたYの評価に対して、修正が必要になってくるように思える。Yの母親は、必ずしも全面的に、Yに冷たかったわけではなかったのである。

それなのに、どうしてYは、自らの母親を鬼とまで感じ、殺害へと至ったのだろうか。単に、Yの共感性のなさとして片づけるのは、あまりにも安易だ。

❖母親を代理する女性

たとえ、全面的に冷たくはなかったとしても、いじめに際して「あっ、そう」としか答えず、久しぶりに帰宅してもそっけない態度しか取れなかった母親に、Yは安心感を覚えることができなかった。少なくとも、それだけは確かといっていい。

そのとき、Yが、母親を代理する女性を求めたのは、ある意味で自然だった。その女性を、連載記事は、真希という仮名で呼んでいる。

真希は、Yよりも年上で、当時は二〇歳過ぎの女性だった。中学を卒業したYは、新聞配達をしながら、よくゲームショップに足を運んでいた。そこで働いていた女性が、真希だった。

真希は、「かわいい感じの子だった」という。また、Y自身は、「絶対、うそをつかない。信頼できる人」と語るとともに、「すべてを包み込んでくれるような優しさがあった」と述懐している。

「うそをつかない」という特徴は、「僕に何も打ち明けてくれなかった」というYの言葉に示されるような、過去の離婚経験や娘の存在を隠し続けた母親の態度と、正反対だ。あるいは、後に記すように、Yがいくら尋ねても、母親が借金についてYに説明しなかったことが、念頭にあったがゆえの言葉かもしれない。

また、「すべてを包み込んでくれる」とは、まさに理想の母親そのものを指す表現である。実際の真希が、そういう女性だったかどうかは、わからない。だが、Yには、そう感じられた。少なくとも、そうであってほしいと願っていた。繰り返すなら、Yにとって真希は、実際の母親に欠けていたものを備えた、代理ではあっても理想の母親だった。

✧ 母親殺害

母親殺害事件の三日前に、Yが真希のアパートを訪れ、一夜をともにしたことが知られている。真希は、冗談のつもりなのか、「(妊娠していたら) 責任をとってね」と言った。付記するなら、真希には別につきあっている男性がいたが、それを知ってもYは、「あきらめない」と話している。

Yは、「彼女に子どもが出来たらしい」と、職場である新聞販売店の女性従業員に相談した(実際は、真希は妊娠していなかった)。また、Yには、もう一つの心配事があった。それは、母親に借金があり、そのことに関し母親に尋ねても、何に使ったか話してくれないことだった。母親の借金については、叔父(母親の兄)にも相談した。しかし、これらの相談が、何か具体的に実を結んだわけではなかった。

Yは、母親がYの財布から金をくすねていることに、気づいていた。そこへ、Yにとって決定的な出来事が起こった。母親が真希に、無言電話をかけたのである。履歴に残っていた番号から、それは明らかだった。「僕が自立したら金が入らないから、邪魔したに違いない」と、Yは考えた。

母親に対し、Yは、まず借金のことについて問い詰めた。だが、母親の答えは、「関係ない。一人で生活すれば。出て行けばいい」だった。次にYは、酔ったときの父親の口調を真似て、「ワレ、（真希の）名刺見て電話したろう」と怒鳴った。しかし、母親の第一声は「知らん」だった。

Yは、母親を拳で殴り、倒れた身体を投げ、顔を蹴った。続いて、生前に父親が買ってくれた金属バットを、何度か振り下ろした。そして、煙草を吸った後、虫の息の母親を残し、新聞配達に出かけた。帰宅すると、母親は死んでいた。

その日の昼、Yは真希と、喫茶店で焼きそばを食べた。また、真希が欲しがっていたポーチを買った。それをプレゼントして別れた後、Yは自宅から、「母を殺しました」と一一〇番した――。

以上が、Yによる母親殺害事件の、一部始終だ。

✧ 母親殺害はなぜ起こったか

Yによる母親殺害は、表面的には、自分の財布から金をくすね、しかも好きな女性から離れさせようとする母親に激怒した結果、ということになってしまう。実際に、Y自身も、「僕が（真希と一緒になって）自立したら金が入らないから、（母親が）邪魔したに違いない」と考えている。だが、果たして、その通りだろうか。

Yにとって、金銭と真希は同列ではない。ましてや、金銭が真希よりも優位であるわけがない。何よりもYは、鬼のような母親が、真希を引き離そうとしていることに、危機を感じたのではないか。さらにいうなら、かつて大事な父親を殺して自分から引き離したように、今また、大切な理想の母親としての真希を引き離そうとしている。そう感じたのではないだろうか。

逮捕直後、Yは、真希とつきあっていたことを、隠していたという。ただ、借金のみを、母親殺害の理由として挙げていたのだ。しかし、後になってYは、「唯一、守りたかったもの」が真希だったと、述べるようになる。守りたかったからこそ、母親殺害の動機として真希の名前を軽々しく口にすることが、ためらわれたのだろう。

後日、少年院でYは、母親殺害の動機を三つあげている。母親が真希に無言電話をしたこと、母親から金をくすねられたこと、ひどい育て方をされたことの三つだ。どれもが、本心と考えざるをえない。

次第に私たちは、母親殺害の本質に近づきつつあるようだ。ここで、もう一度、整理してみよう。

第一に、父親は、Yが小学生のうちに死亡した。Yは、事実上、母親が父親を殺したと考えていた。なぜなら、次章で詳しく検討するように、少年が大人になるためには、少年自らが父親を（多くは観念の中で）殺すことを必須とする。それをしないうちに、父親は死んでしまったからである。

つまり、自分は未だ父親を殺していない。すると、殺したのは母親をおいてほかにない。それが、母親が父親を殺したということの意味だ。こうして、父親は、Yの観念の中で殺されないまま、理想化された。このことが、Yのあげる三つの動機のうちの、「ひどい育て方をされた」に照応する。

第二に、Yは、母親代理の女性として真希を求めた。Yにとって、真希は「唯一、守りたかった」女性であり、理想の母親だった。ここで、Yの前には、理想化された父親に加えて、理想の母親が出揃った。

しかし、実の母親は、真希に無言電話をかけた。この時点で、実の母親は、もはや母親ではなく、理想の父親を殺害したことに加えて、理想の母親との関係さえをも妨害する、他人へと転化した。このことが、Yのあげる三つの動機のうちの、「無言電話」が有する真の意味である。

第三に、ここに至ると、母親殺害までの距離は、ほとんどゼロになってしまったといってよい。あとは、母親を殺すのでなければ、Yが家を出る手段が残されているだけだ。

しかし、財布の中の金だけでなく、新聞配達で働いて貯めたYの銀行預金も、ほとんど底をついていた（Yが母親に預けた通帳を確認すると、残高はほとんどなかったと、報道されている）。つまり、家出をするだけの、ささやかな経済的基盤さえもが、失われていたのである。このことが、Yのあげる三つの動機のうちの、「金をくすねられた」という言葉が示す内実だ。

こうして、理想化された父親とともに、理想の母親である真希を「守りたかった」なら、いまや他人となってしまった母親を殺害する以外に、Yに残された道はなくなってしまったのである。

✧姉妹殺害へ

母親を殺害したYは、三年という、当時としては「超長期」の期間、少年院に入院した。少年院では、自ら「規則や指示には絶対に従います」と述べた通り、特段のトラブルを起こすことはなかったが、母親殺害に関する反省を、決して示そうとはしなかったという。

少年院を出たあと、Yは更生保護施設へ入った。さまざまな理由があって、数少ない親族である叔父が、Yの引き取りを拒んだためだ。

その後のYの軌跡を、ここでも共同通信配信の連載記事により、確認しておこう。

Yは、父親の知人であった鈴木守（仮名）と出会った。「父さんと同じ仕事をしたい」と話すYに、鈴木は住み込みのパチンコ店を紹介した。Yは、そこで働くようになった。

しかし、職場の近くで、Yは少年院の仲間に声をかけられ、いきなり胸倉をつかまれ殴られた。柄の悪い男が店へ来て、Yを呼び出すようにもなった。その店を辞めて移ったパチンコ店では、母親殺害の過去を知られ、長続きしなかった。三つめの店も、店長が代わると、揉め事を起こし辞めた。

その後、Yは、親子ほど年の差のある鈴木の下で、たこ焼きを売った。鈴木をYは「おやじさん」と慕い、鈴木の娘はYを「お兄ちゃん」と呼んで懐いた。だが、鈴木は、義理のある知人に頼まれ、Yをゴト師のボスに紹介してしまった。

ゴト師とは、当たりの周期を知らせる機器（体感器）を用いてパチスロ機を攻略する、非合法の仕事だ。パソコンと機械に強いYは、ゴト師たちから重宝された。言い方を換えれば、便利に使われていた。一方で、Yの消費者金融からの借金は、一〇〇万円にまで達していた。

しかし、パチスロ機の進化に対し、体感器の改良が、次第に追いつかなくなった。そのため、ゴト師のボスから、Yは辛く当たられるようになった。「頭を冷やしてきます」と言い残し、外へ飛び出したYは、近くの公園で一晩を過ごした。そこで思いついて、Yは、一〇〇円ショップでナイフとハンマーを買った。その後、事件で殺されることになる姉妹が暮らすマンションの向かいのビルに、まるで映画「スパイダーマン」のようにはりついているYが、目撃されている。また、Y自身は後に否定しているが、姉妹が住んでいるマンションの配電盤をいじり、電気を点滅させていたことも知られている。

こうして、Yは、本章の冒頭に記した姉妹殺害へと至るのである。

❖母親殺しの反復としての姉妹殺害(1)

姉妹殺しのため逮捕されたYは、犯行の理由として、「人を殺したい欲求があった」、「母親を殺した感触が忘れられなかったから」と語った。また、若手の女性検事には、「人が痛がる姿を見るのが楽しい」と話している。こういった不可解な言動もあり、Yに対しては、精神鑑定が行なわれることになった。

精神鑑定を実施した岡江晃医師は、Yを人格障害と結論づけた。「性的サディズムがあり、殺人そのものに快楽を感じる特異な性格」だというのだ。ただし、岡江医師は、裏づけとなる資料が乏しいため、Yが嘘をついていないことが前提と、留保をつけた。

一方、少年院でYを診察していたのが、太田順一郎医師だった。法廷で太田医師は、Yがアスペルガー障害を有していると証言した。「想像力が不足しているから、殺人に実感がない」、「被害者感情を理解して反省できず、理論的に考えるだけの傾向は、障害と関連している」と、太田医師は述べた。その上で、「鑑定と診察は別物」、「診察は治療のためにある。本人に何が必要かを考えると、診察（の結論）はアスペルガー障害だった」とも語っている。ちなみに、アスペルガー障害とアスペルガー症候群は同じであり、言葉の数の上で遅れがない、自閉症の一種だといってよい。

私は、岡江医師と太田医師の二人ともに、面識がある。断言してもいいが、二人とも、診断と治療の技量に極めて秀でた精神科医であることは、間違いない。その二人をして、結論を一致させることが出来なかったのだから、Yをめぐる診断は、よほど困難を極めたのであろう。敷衍して私に述べうることがあるとするなら、次の点だけだ。

まず、岡江医師が、厳密な面接と検査の結果、Yの話が嘘でない限り、人格障害とするしかないと述べている以上、その結論は正しいのだろう（加えて、太田医師が、治療のためにはアスペルガー障害と診断すべきと述べていることも、ある意味で正しい。アスペルガー障害を含む、さまざまなタイプの自閉症は、自閉症スペクトラムと一括される。スペクトラムとは、連続体という意味だ。つまり、さまざまなタイプの自閉症は、互いに明確な区別がないというにとどまらず、定型発達者〈いわゆる健常者〉とも連続しているのである。だから、厳密にはアスペルガー障害と診断できないようなケースでも、障害の特徴の一部を持っていることはありうる。そういう場合には、特徴を知った上で、それに沿ったサポートが有効になるのである）。

問題は、Yが真実を語っているか否かだ。私は、少なくとも「母親を殺した感触が忘れられなかった」という陳述は、虚偽の可能性が高いと思う。なぜなら、過去の母親殺害直後の時点で、同じような陳述が見られないからだ。Yは、あえて何かを見つけにくくするために、ことさら「母親を殺した感触」といった、猟奇的な言葉を弄しているのではないか。

✣母親殺しの反復としての姉妹殺害(2)

そうだとするなら、Yは、何を隠そうとしたのか。私は、これまで引用してきた連載記事の取材記者たちに対して、以下のように話したことがある。

「少年時代、Yは母親に代わる理想の母親像を、交際中の真希に重ねた。母親が彼女に無言電話したことで、Yは、『実の母親が、理想の母親を邪魔した』と感じたのだろう」

「姉妹刺殺事件では、姉に近づきたかったが、経歴に負い目を感じた。だから、配電盤で電気を消す、非常識な注意のひき方をした。でも、プライドが高く、そんなことしか出来ないとは認めたくない。だから、それを否認した」

「姉は、昔の彼女と母親が、一緒になった存在ではないか。『理想の母親』に受け入れられず、実の母親が頭に浮かび殺した。妹の帰宅で、悲劇が重なった」（連載記事中の一部表記を修整して転載）

一言で述べるなら、「姉妹殺害は母親殺害の繰り返し」ということになる。こう考えると、Yが隠そうとしたものが浮かび上がってくるだろう。それは、姉妹、とくに真希に似た姉に、真希の面影を重ねたという、心の動きだったのではないか。

しかし、その心の動きが受け入れられるはずもなく、姉によって拒否されるであろうことは、Y自身にも予測がついた。このとき、かつて真希との間を妨害した、実の母親の姿が、脳裡をよぎった。つまり、姉は、Yにとっての理想の母親であると同時に、理想の母親であることを拒絶する存在でもあった。さらに言い換えるなら、忘れられなかったのは「母親を殺した感触」そのものではなく、母親殺害へと至る動機だった。

ちなみに、出院後のYがパチンコ店に勤めたのは、父親と同じ仕事をしたいという理由からだった。このことは、父親の理想化がYの中で持続していることを、物語っている。また、一〇〇万円にのぼるサラ金からの借金は、かつての経済苦と類似している。そして、母親殺害後にタバコを吸ったように、姉妹殺害後にもYはタバコに火をつけている。このような意味においてもまた、姉妹殺害は母親殺害の反復だったのである。

ところで、Yは姉妹殺害後に、自分は応報的な考えを持っているから死刑になるのは当然だが、決して被害者や遺族に謝罪はしないと述べている。その言葉通り、Yは死刑判決に直面しても、「検察の主張どおりですね。それでいいです」と述べるだけだった。そして、「公正な裁判でした」と弁護士に話したYは、控訴さえも取り下げ、「法律通り、六ヶ月以内に刑を執行してほしい」と希望した。

ある意味では冷静というしかない、Yのこの態度は、厳罰化の動きを無効にするほどのアンチテーゼを、期せずして含んでいるのではないか。反省と謝罪を求める大合唱は、厳罰化の動きを伴って、正義を体現しているように見える。しかし、反省も謝罪も、厳罰化によってはもたらされないことを、Yは身をもって示した。

判決後、Yは、少年事件当時から世話になった弁護士に対し、「私は生まれてくるべきではなかった」、「『生』そのものがあるべきではなかった」という手紙を送ったという。母親がいなければ、自分も生まれてくることはなかった。反復された母親殺害は、Yを「生」以前へと押し戻す営為だったのである。

第三章

父親殺害と母親殺害の構造――少年が大人になる時

❖再び父親殺害について

第一章で、私たちは、父親殺害を本質とする事件を検討してきた。父親による狭義と広義の虐待は、すべての思考と感覚を麻痺させる、狭窄という心理状態へと、少年を追い込んだ。少年は、「無機質」な日々を「ロボット」のように、やりすごすしかなかった。そして、それすらもが否定されたとき、狭窄の下に隠されていた怒りと攻撃が姿を現し、父親殺害が引き起こされたのだった。

それでも、もし母親が少年の支え手となりえていたなら、少年は現実の父親殺害に、手を染めなくても済んだかもしれない。だが、虐待という親子間の支配－被支配関係は、両親（夫婦）間の支配-被支配関係をも伴っていた。それゆえに、母親が少年を独自に支えることは不可能だった。しかも、「教育熱心」な母親は、その期待に少年が応じ切れなくなった時点で、支え手となることを、すでに放棄していた。

残された手段である家出も、予め封殺されていた。少年が行なった空き家への侵入という、小さな擬似家出さえもが、父親と教師からの叱責によって、否定されてしまったからである。したがって、第三者からの支援が得られない状況の中では、少年が「奴隷」状態を脱し、自由な大人へと成長するためにとりうる手段は、現実の父親殺害しかなかった。

ここから敷衍して、私たちは、次のような思考をめぐらせてきた。この少年の場合のような、狭義ないし広義の虐待に由来する「奴隷」状況は、現在の日本社会では、例外とは必ずしもいえないのではないか。そうだとするなら、少年は、現実の父親殺害によってしか、大人になることは出来ないというしかないのだろうか。

多くの場合は現実の殺害ではなく、観念上の父親殺害が行なわれているはずだと、第一章の終わりで、私は示唆しておいた。私たちは、ようやくここで、観念上の殺害について詳しく検討するための、端緒を手に入れたのである。

観念上の殺害を検討するための回り道として、よく知られた小説の一つを、手にとってみることにしよう。

✧ 犀星の『幼年時代』(1)

『幼年時代』は、室生犀星自身の生育史を下敷きにした、自伝的小説といわれる。文芸評論家の奥野健男によると、犀星の父親は隠棲していた中流の武士で、その屋敷の女中が犀星の母親だった。犀星は生後七日めに、名前さえつけられないまま、赤井ハツという人のもとへ手渡された。

ハツは、世間体を憚る不義の子を引き取り、多額の養育費をもらって育てることを、職業としていた。そこで犀星は、目を覆うばかりの身体的・心理的虐待を受けて育った。それは、まさにこの世の地獄絵だった。『幼年時代』は、そのような悲惨な体験に、フィクションとしての美化や願望を加味した作品である。

犀星の現実の生育史と同じく、『幼年時代』の「私」は、養家で育てられている（ただし、養家は実家と近く、「私」はしょっちゅう両家を行き来できるという設定になっている。それでも、「私」を迎え入れる実家の母親は養家に遠慮し、他方、養家の母親は実家へは行くなと諭す）。養家には、嫁入り先から戻された、優しい姉がいた。「私」は姉を慕い、よく一緒の床に入って眠った。

小学校で、「私」は、しばしば喧嘩をした。そのためか、「私」は、教師から常に体罰を受けていた。居残りをさせられるたびに、「私」は一人、涙を流し、黒板に「姉さん」という字を書いていた。そこへ突然、教師が現れ、「なぜ先生の言いつけどおりをしないのだ」と言って、顔を叩いた。教師は、「いつまでもそこに立っておれ」と言い残し、自分は五時になると、さっさと帰っていった。

あくる日、教師は、「なぜきのう許しもしないのに帰ったのだ」と叱責した。教師に怨恨と屈辱の目を向ける「私」に、教師は「なぜ先生をにらむのだ」と、重ねて叱責した。

「またなぜが始まった」と「私」は思った。反対に、「私はなぜこんなところで物を教わらなければならないか」という気持ちになった。「私」は、「大きくなったら……」と、深い決心をした。この決心を、「私」は、誰にも言わなかった。ただ心の底深く、私が正しいか正しくないかということを、決定する時期を待っていた――。

ここまで読めば、第一章で検討した、板橋事件の少年Aをめぐる状況と、共通点があることがわかる。

「私」は、実家から離され、養家に預けられている。明治の頃、それを決定する力は父親にしかなかっただろうから、「私」はまず、実の父親から棄てられたことになる。一方、実の母親は、必ずしも「私」を棄てたかったわけではなかったのだろう。その証拠に、よく実家を訪れる「私」を、遠慮しながらとはいえ、そのたびに受け入れている。しかし、父親の決定を覆してまで「私」を受け入れることは、不可能な立場にある。つまり、養育を放棄する父親と、それに従わざるをえない立場にある母親という構造にほかならない。

加えて、少年Aの教師は、小さな擬似家出をしたAを、理解しようとせず叱責した。同様に、『幼年時代』の教師は、喧嘩をする私を理解する代わりに、体罰を加え続けた。以上が、板橋事件の少年Aと『幼年時代』の「私」との共通点だ。

相違点もある。「私」には、優しい姉がいた。姉は、求めても得られない、実の母親に代わる存在だった。だからこそ、「私」は姉を慕い、よく一緒の床に入って眠ったのである。

◆犀星の『幼年時代』(2)

「私」を取り巻く閉塞的な状況を、どうやれば打ち破ることが出来るのか。小説『幼年時代』では、それはあっけなく達成される。

「私」が九歳の冬、実家の父親が死んだのだ。『幼年時代』には、父親の死について、ただそれだけしか描かれていない。しかし、「私」にとっては、父親の死は、決定的な意味を持っていたはずだ。「私」の九年間の人生を、未来に向かって変えていくためには、「私」を棄てた父親を殺害しない限り、何も始まらない。それが、父親の突然の死が持つ、意味だった。つまり、「私」は、まず観念の上で父親を殺害した。その観念上の殺害が、現実の父親の死を引き寄せたのである。

しかし、そればかりではなかった。父親の死後、父親の弟によって、母親は一枚の着物も与えられないまま、家から追い出されてしまったのである。母親が、かつて父親の小間使いだったからだ。「私」は、行方を知らない母親を探して、遠くの町まで歩いた。「人間は決して二人の母を持つ理由はない」というのが、「私」の考えだった。「私」は、母親を追い出した、父親の弟を殺そうと、夜ごとに空想した。

殺害する対象は父親だけで十分だったはずなのに、母親までもが行方不明になってしまった。もっと言うなら、観念の上での父親殺害が、殺す必要のない母親にまで及んでしまった。後悔の念が、当てもなく母親を探し歩く行動と、父親の弟を殺す空想をもたらしている。

こう考えると、板橋事件の少年Aと『幼年時代』の「私」の姿が、再び二重写しになって浮かんでくる。Aにとっても、『幼年時代』の「私」にとっても、閉塞した状況を打ち破るためには、父親殺害が不可欠だった。しかし、父親殺害は、母親殺害までをも惹起する結果になった。換言するなら、これがもう一つの共通点だ。

一方、支援者のいなかったAとは対照的に、『幼年時代』の「私」には、母親を代理する姉がいた。「人間は決して二人の母を持つ理由はない」と考えていたにもかかわらず、である。だからこそ、「私」は現実の父親殺害に手を染めることなく、父親の死を呼び寄せることが出来た。これが、もう一つの相違点だ。

ここで付記するならば、その姉さえもが、「私」から離れていく日がやってくる。姉は、意に染まないながらも、再び嫁いでいくというのである。ただ、姉の嫁ぎ先がどこかを、「私」は知っていた。だから、「私」は、一度だけだが、姉のところへ遊びに行くことが出来た。代理の母親は、完全に消え去ったわけではなかったのである。そこが、「私」の救いだった。

ライウス・コンプレックス

ところで、父親殺害という言葉で、誰もが思い浮かべるのは、エディプス（オイディプス）王の悲劇だろう。

テーバイの王ライウスは、「子を設けるべからず、これに反すれば、生まれた子は父殺しとなるであろう」という神託を受けた。それにもかかわらず、ライウス王は妻であるイオカステに子どもを産ませた後、子どもの両足に孔をあけて縛り、山中に棄てさせた。棄てられた子どもは、羊飼いによって助けられて育ち、エディプスと呼ばれるようになった。エディプスは、旅先で偶然に出会ったライウス王と喧嘩になり、父親とは知らないまま殺害してしまう。

エディプスは、テーバイの王になり、イオカステと結婚した。しかし、その後、自分が実の父親を殺し、しかも、実の母親と結婚していた事実を知る。その結果、イオカステは縊死《いし》し、エディプスは自らの目を突き刺した——。

以上が、エディプス王の悲劇の概要である。周知のように、S・フロイトは、この悲劇を参照しながら、エディプス・コンプレックスという概念をつくりだした。その後、フロイトは、「小さい男の子が母親を独占しようとすること、父親が居合わせるのを邪魔に思うこと、父親が母親に情愛を示す時には不機嫌になること、父親が旅に出たり不在だったりすると満足の感情を示すことなど」を例示し、それらはエディプス・コンプレックスの萌芽だと、説明している。他方で、フロイトは、「同じ幼児が同時にまた別の機会には、父親に強い情愛を示す」とも述べている。

前者は、陽性のエディプス・コンプレックスと呼ばれ、後者は、陰性のエディプス・コンプレックスと呼ばれる。そして、たいていの男の子は前者を克服し、父親と同一化するが、後者の傾向が強いと、男性性を失ってしまうとされている。

しかし、このような理解は、あまりにも単純すぎるため、後にさまざまな議論が巻き起こった。そのうちの一つに、ライウス・コンプレックスという考え方がある。

すでに述べたように、ライウスとは、エディプスの実の父親である。ギリシャ悲劇は、実は、神託を受ける前のライウスについて、次のように記している。

若きライウスは、ペロプスの王宮への亡命中、そこの美しい王子クリュシッポスを誘惑した。

その結果、クリュシッポス王子は、自殺せざるをえなかった。怒ったペロプスの王は、ゼウスに訴え、先述した神託が下されたのである――。

このように、ライウスは、残酷な性格を持っていた。そのライウスが、子どもを産ませ棄てたのである。つまり、ライウスの持つ事情が子棄てをもたらしのであり、神託は単なる媒介にすぎない。言い換えるなら、エディプス王の悲劇は、ライウスによる虐待を前提としているのである。

もちろん、ライウスの残酷さには、ライウス固有の心理が関連しているはずだ。そのような父親の心理を、ある学者は、ライウス・コンプレックスと名づけている。ライウス・コンプレックスは、子どもへの虐待を引き起こす。そして、それに対する子どもの反撃は、父親殺害をもたらし、それに母親も巻き込まれて死を迎えることになる。つまり、板橋事件の少年Aや、『幼年時代』の「私」と同一の構造が、そこには認められるのである。

❖『歩いても歩いても』の父親

ここまでに検討してきた内容は、虐待されて育った少年が、大人になっていく上での話だった。それでは、虐待とはいえない状況の中で育った場合は、どうなるのだろうか。そのことを検討するために、ここで、平凡な家族の日常を描いて話題になった映画『歩いても歩いても』

（是枝裕和監督）を、取り上げることにしよう。

絵画修復士だが失業中の良多は、一〇歳の子どもを持つ女性ゆかりと結婚した。良多は、ゆかりとその子どもとともに、久しぶりに実家へ帰郷した。しかし、良多は気が重い。その日は、人を助けようとして水死した兄の命日で、良多は、両親から出来のいい兄と常に比較されて、育ってきたからだ。

帰省した良多と父親の会話は、ぎくしゃくしたままだ。父親は元開業医で、医師が世の中で一番の仕事だと思っている。だから、孫にもそう言ってはばからない。亡き兄に助けられた青年が仏壇に手を合わせにやってきても、「あんなくだらん奴のために」と言ってしまう。それを聞いた良多は、思わず「医者がそんなに偉いんですか」と反論する。

ただし、父親は、もはや診療に自信がない。だから、向かいの家の人が心臓病で倒れても、「救急車を呼んで。私はもう……。役に立てず済みませんね」としか言えない。それでも、救急車がやってきたときには、「脈はいくつだね」と、アドバイスのポーズをとってしまう。しかし、救急隊員が「大丈夫ですよ」としか応じないと、「違うんだ、私はね……」と言いかけて、隣家の人たちに気づき、深々と頭を下げる。

対照的に、母親はオリジナル料理を作る一方で、あるときは父親を揶揄し、あるときは良多の妻に皮肉を言う。つまり、それなりに強いのである。しかし、常に亡き兄を忘れられないで、蝶にさえ兄の姿を重ねる。

このような、いくつかの小さなエピソードをはさみながら、良多たち三人は、バスで実家を後にする。「正月は来なくていいだろう、年に一度でたくさんだよ」と、車中で良多は言う。それから三年が経ち、父親は亡くなった。母親も、その後を追うように亡くなった。そして、七年後、良多たちには子どもが一人増え、四人は良多の両親の墓前で手を合わせている――。

どこにでもありそうな日常だ。強いてあげるなら、妻と子どもがいる歳になっても、父親との葛藤を延長させている点は、年齢的に遅いといえば遅い。しかし、それも、とりたてて珍しいというほどではない。

それにもかかわらず、私がこの映画に着目するのは、父親の死が、良多による観念上の殺害ではないかと思われるからだ。

たしかに、父親は、良多に虐待を加えているわけではない。ただ、出来のいい兄と常に比較されて育てられることが、楽しいはずはない。ましてや、良多の父親は、引退してからでさえ、医師が偉いと思っている。この父親を殺害しない限り、子どもを持つ女性と結婚しながらも失業中である自分を、未来へ向かって歩ませることは出来ない。

このような心理の延長上に、三年後の父親の死がもたらされた。それを指して、私は、良多による観念上の父親殺害と、述べているのだ。

それでは、なぜ良多は、現実には父親を殺さずに済んだのか。殺害する前に、父親自身が、少しずつ死に近づいているからだ。父親は、向かいの家の人が倒れても、「救急車を呼んで」、「役に立てず済みませんね」としか言えない。そして、隣家の人たちに深々と頭を下げる。これらの言動は、かつて父親を支えていた、ほんとうは根拠のない誇りが、徐々に自壊を始めたことを、物語っている。このような、父親自らが死へ向かう助走期間があったからこそ、良多による観念上の父親殺害は、父親の自然死として出現することができたのである。

ただし、母親までもが後を追うように亡くなったことは、良多にとって、誤算だったかもしれない。亡き兄を忘れられない母親は、完全には良多の支え手にはなれなかった。だから、ちょうど、第一章に記した板橋事件の少年Aが、具体的に計画しないまま母親殺害に手を染めてしまったように、良多もまた、自覚しないまま、観念上の母親殺害を実行してしまったのだろう。

再び母親殺害について

ここで、母親殺害の構造へ、目を転じることにしたい。第二章で私たちが検討したのは、母親殺害が反復された事件だった。

まず、当時、小学生だった少年に訪れたのは、父親の病死だった。そのとき、少年は、父親は母親によって殺されたのだと思った。父親が病死した時期が、観念の上で父親を殺害する前だったがゆえに、母親によって殺害されてしまったと感じたのだ。

次に、中学を卒業した後、少年の前に、母親代理の女性が現れた。その女性は、少年にとって、理想の母親そのものだった。実の母親は、理想の母親に無言電話をかけた。この時点で、実の母親はもはや母親ではなく、理想の母親との関係を妨害する他人へと、転化した。

加えて、少年が新聞配達によって蓄えた貯金は、母親によってくすねられ、底をついていた。つまり、家出によって母親から離れようとしても、それを支えるささやかな経済的基盤さえもが、失われていた。

こうして、理想の母親との関係を守るためには、実の母親を殺害するしかなくなったのだった。

だが、殺害は、一回では終わらなかった。少年院から出院したとき成人に達していた元少年は、大阪に暮らす姉妹を刺殺したのだ。その姉妹、とりわけ理想の母親だった昔の女性に似ている姉は、元少年にとって、二人目の理想の母親だった。元少年は、姉に理想の女性の面影を重ねたが、そのような心の動きが姉によって受け入れられるはずもないことは、元少年にも予測がついた。

つまり、姉は、元少年にとっての理想の母親であると同時に、理想の母親を拒絶する存在でもあった。ここで、かつて理想の母親との関係を妨害した、実の母親が甦ってきた。元少年は、甦った実の母親を殺害するかのように、姉を殺害した。その直後に戻ってきた妹も、巻き込まれて命を失った。

以上が、姉妹刺殺の構造だった。姉妹殺害は、母親殺害の反復だったのである。

では、母親殺害は、反復されることを本質とするのだろうか。このことを解明するために、一つの小説を取り上げてみよう。

❖『灰色猫のフィルム』(1)

第三二回すばる文学賞を受賞して話題になった、天埜裕文の『灰色猫のフィルム』という作品がある。この作品は、「母親の腹は柔らかかった」という一文から始まる。「僕」が、包丁で母親を殺害したのだ。

逃走する途中で「僕」は、小学生の頃を思い出していた。映画館へ行く車の後部座席で、「僕」が妹と菓子の取り合いをし、父親に叱られたのだった。けれど、映画館では、父親が菓子を二人分、買ってくれた。その映画を観た一週間後に、父親は家からいなくなった。

さて、母親殺害後の「僕」は、所持金をほとんど使い果たし、街頭で出会った男から、食べかけのパンを三円で分けてもらった。その男は、ハタさんといって、ホームレスだった。ハタさんに誘われ、「僕」もまた、ホームレス生活を送るようになった。

「僕」が暮らすことにした小屋の近くに、テントがあった。テントの男は、テープウォークマンとテープを、「僕」に貸してくれた。磨耗し音が割れたテープを聴いた後、それを返すために、「僕」はテントを訪れた。テントの中には、男の他に、裸の若い女が横たわっていて、性器からは白く濁った液が尻に滴っていた。その女は死んでいた。男から手伝ってくれるよう頼まれた「僕」は、女を毛布に包んで川へ投げ込んだ。

一方、ハタさんは、絵が上手だった。「僕」も勧められて、幼稚園児のような似顔絵を描いた。「僕」は、幼稚園の頃に誉められた、父親と母親と妹と「僕」が手を繋いでいる絵を思い出した。また、ハタさんにもらったパンを齧りながら、小さい頃、今は内容が浮かんでこない小さないくつもの話を、母親にしたことも思い出した。

ハタさんは、猫を可愛がっていた。灰色の猫が死んだのは「僕」が殺したためだと誤解したハタさんは、怒って「僕」にバットを振り下ろした。「僕」は、ハサミでハタさんの目を突いて逃げた。

「僕」は、公衆電話から一一〇番を押し、「母親を殺しました……ホームレスの片目もハサミで潰しました」、「人間って目を刺されても死にませんよね」、「母親を殺したんです、もしもし？　聞いていますか？」と告げた。その「僕」の前を、制服を着た高校生が二人、笑いながら通りすぎようとした。「僕」は、一人の指を摑み、折った。そして、「僕」は、もう一人を蹴飛ばし、「痛かったのかな？　死ぬんだもん。きっと痛いよね」と言いながら、馬乗りになって顔を殴りつづけた——。

これが、『灰色猫のフィルム』の梗概だ。

❖『灰色猫のフィルム』(2)

小説『灰色猫のフィルム』の「僕」は、母親を殺害した後、第一に、女の死体を川へ投げ込むのを手伝っている。ただし、女を殺したのは「僕」ではない。第二に、ハタさんの目を、ハサミで突き刺している。ただし、ハタさんの生死は不明のままである。第三に、高校生を殴り続けている。ただし、高校生の性別は明示されておらず、生死もまた必ずしも明らかではない。

まず、女の死体を投棄したのは、母親殺害の小さな変奏と考えて、間違いないだろう。実の母親を殺害したにもかかわらず、殺害に潜む真の理由が何だったかを、「僕」は知らない。なぜなら、幼稚園の頃に誉められた家族画といった、文字通り絵に描いたような仮構の幸せしか、想起することが出来ないからだ。だから、母親を殺害しても達成感がない。それゆえに、変奏を繰り返すしかない。その一つが、女の死体を川へ投げ込むことだった。

次に、目を突き刺されたハタさんは、おそらく死んではいないだろう。少なくとも、「僕」

は、死んでほしいとは思っていない。「人間って目を刺されても死にませんよね」という言葉は、死んでほしくないという気持ちを反映している。「僕」にとってハタさんは、「僕」を助けてくれた、いわば代理の父親でもあると考えるなら、その気持ちには十分な根拠があるだろう。言い換えるなら、たとえ、ハタさんからバットで殴られたという事実があるにせよ、「僕」はハタさんを殺害することが出来ないのだ。

最後に、「僕」が馬乗りになって殴った高校生は、おそらく女性だろう。包丁もハサミも用いることなく、「僕」が一方的に攻撃しうる相手が、男性であるとは考えにくい。また、高校生は、おそらく殺されるのだろう。「死ぬんだもん。きっと痛いよね」という言葉からは、少なくとも、「僕」がそう望んでいることだけは確かである。その意味では、これもまた、母親殺害の変奏だということになる。

このように読めば、「僕」の母親殺害は、その後、少なくとも二度にわたる変奏を伴っていることがわかる。つまり、母親殺害は、反復を本質としているのである。

❖ 反復の構造(1)

もっとも、『灰色猫のフィルム』には、冒頭の母親殺害を必然とする理由は、一切、説明されていない（ただし、説明がないところが、作品を優れたものにしているという評価は成り立つし、私もまた、そう評価する一人だ）。ただ、父親が家からいなくなったことが、記されているだけだ。

父親は、「僕」を棄てた。どうして、父親は「僕」を棄てたのか。そして、そのとき母親は、どう振る舞っていたのか。さまざまな推測が可能になる。

その中で、一つだけ、はっきりしていることがある。それは、「僕」が、棄てられたとは感じていないということだ。叱られたけれども、後で二人分の菓子を買ってくれた、その意味では公平な、父親像だけが残っているのである。

ここで、第二章に記した、大阪姉妹刺殺事件のYと同様の状況が、浮かび上がってくることになる。小学生だった「僕」は、観念の上で父親を殺すことが出来ないうちに、父親は家を出た。「僕」が追い出したのではない。ましてや、「僕」よりも小さい妹が、追い出せるはずもない。すると、父親を追い出したのは、母親をおいて他にない。たとえ、その背景がどうだったとしても、母親は父親を追放した。そうすることによって、「僕」の目の前から、父親を葬り去った。

もう一度、整理してみよう。最初に、母親が父親を殺害ないし追放する。その時点で、未だ観念の上での父親殺害を達成していない少年は、父親を理想化し、母親が父親を殺害ないし追放したに違いないと考え、母親を憎む。

その結果、現実に母親を殺害したとしても、母親が父親を殺したに違いない、あるいは追放したに違いないと考えて憎む気持ちは変わらない。なぜなら、父親は理想化されたままであり、観念上の父親殺害が達成されないままであるからだ。そのために、もう一度、母親を殺害する必要が生じるが、もはや現実の母親はいない。そこで、母親に代わる女性を殺害することになる。この繰り返しこそが、母親殺害の反復にほかならないのである。

❖ 反復の構造(2)

母親殺害の反復について、ここで少しだけ違った角度から、考えてみることにする。

先に述べたエディプス・コンプレックスという言葉自体を、フロイトが最初に用いたのは、「『愛情生活の心理学』への諸寄与」という論文においてだとされている。この論文を、フロイトは、あるタイプの男性が愛人を選択する条件という、軽妙な考察から書き始めている。

そのタイプの人間は、およそ四つの条件に基づいて、愛人を選択する。第一は、婚約者や夫のいる女性ばかりを選ぶという条件である。第二は、純潔な女性ではなく、性生活上でとかく噂のある女性を選ぶという条件である。第三は、愛人の選択が一回で終わらず、居住地や環境の変化のたびに、何度も反復されるという条件である。そして、第四に、愛人を「救おう」とする傾向という条件である。

このような特殊なタイプの人間が有する態度は、正常な人間の愛情生活と同一の由来を持つと、フロイトは述べている。それは、その男性の愛情が、未だ子どもの頃と同じく、自分の母親の上に注がれていることを意味するというのである。

フロイトの説明によれば、第一の条件が意味するところは簡単だ。夫のいる女性とは、いうまでもなく母親である。第二の条件は、猥談によって性生活の秘密を知った少年が、新たに母親を激しく愛し始め、父親を憎むことによっている。ここで、フロイトは、エディプス・コンプレックスという言葉を用いたのである。そして、第四の条件は、母親救助を意味しており、ここで子どもは父親に同一化するという（第四の条件に関する説明は、やはり、あまりにも単純すぎるという批判を免れないであろう。少なくとも、それでは、板橋事件の少年Aによる現実の母親殺害や、『幼年時代』の「私」による観念上の母親殺害を、説明しえない）。

それでは、残る第三の条件については、どう考えればいいのだろうか。

再びフロイトの説明によるなら、他の代理を許さないものは、それをやや代理しうるかに見えるものの際限のない系列という形をとって、現れてくるという。なぜなら、どんな代用品も、所期の満足感を与えることが出来ないからである。

それが、反復という現象が現れる理由だ。かけがえのない母親を、完全に代理しうる人はいない。だから、母親によく似た愛人を選んでも、完全には満足できない。そのために、次々と、類似の愛人を選び続けるというわけだ。

私たちは、すでに前項で、母親殺害が連続する理由を確認しておいた。それは、現実に母親を殺したとしても、母親が父親を殺したに違いないと考えて憎む気持ちは変わらないから、そこで母親に代わる女性の殺害を繰り返すことになるというものだった。愛人選択に関するフロイトの説明のうち、「他の代理を許さないもの」を実の母親の殺害と考え、「やや代理しうるかに見えるもの」を代理の母親の殺害と考えるなら、私たちが確認してきた理由は、正しかったことになる。

✧ エレクトラ・コンプレックス

私たちは、母親殺害の構造について、検討を重ねてきた。結論をまとめる前に、多少の補足が必要になるだろう。

それは、少年ではなく少女の場合でも、私たちの考えた結果は正しいのか、という点についてである。

周知のように、ユングは、女児が異性の親に愛情を示し、同性の親に敵意を向けることを指して、エレクトラ・コンプレックスと呼んだ。

エレクトラとは、ミュケナイの王アガメムノンと、王妃クリュタイメストラの子どもだ。クリュタイメストラは、情夫アイギストスとともに、アガメムノンを殺害した。エレクトラは、弟のオレステスを、一瞬のうちに国外へ逃がれさせた。酷い仕打ちに耐えながら、エレクトラは、オレステスが帰国し復讐できる日を待った。ついに帰国したオレステスは、エレクトラが見張りをつとめる中で、クリュタイメストラを殺害することに成功した——。

以上が、ギリシア悲劇の伝えるところだ。ただし、この悲劇をもとに提唱されたエレクトラ・コンプレックスの概念は、フロイトの受け入れるところではなかった。女児の場合も、経路が複雑なだけで、エディプス・コンプレックスへ進むことに違いはないと、フロイトは考えたのである。

私の考えは、以下の通りだ。

もし、少女が観念の上での父親殺害を達成しないうちに、母親が父親を殺してしまったなら、やはり少女は父親を理想化するだろう。そして、父親を殺害した母親を、やはり殺害しようとするだろう。つまり、少年の場合と同一の構造が、少女の場合にも認められるのである。

翻って、エレクトラ・コンプレックスを、母親殺害の構造として再定義するなら、それは女児だけではなく、少年と少女の両方において、成立するのではないか。なぜなら、女性のエレクトラだけでなく、男性のオレステスもまた、母親を憎み殺害しているからだ。というよりも、直接、手を下したのは男性であるオレステスである。

ただし、忘れてはならない点がある。もしエレクトラとオレステスが、それぞれの心の中で父親の理想化を行なっていなかったなら、母親殺害を推進する動機は消えうせてしまうだろう。その点さえ忘れなければ、私たちの見てきた母親殺害の構造と、エレクトラ・コンプレックスの構造は、相似形だといっても差し支えない。

⚘ 父親殺害と母親殺害の水準

すでに見てきた通り、父親殺害を本質とする事件には、三つの水準があった。第一は、板橋事件の少年Aのように、虐待をする父親を、現実に殺害してしまう水準である。第二は、『幼年時代』の「私」のように、養育を放棄した父親を、観念の上で殺害する水準である。そして、第三は、『歩いても歩いても』の良多のように、必ずしも虐待には当たらない範囲での振る舞いを続ける父親を、観念上で殺害する水準である。

これらの三つの水準を分かつものは、父親の残虐さの程度だけではない。子どもの支え手であるべき母親が、どの程度まで父親への従属を強いられているかによって、三つの水準は、異なった表れ方をするであろう。そして、いずれであったとしても、支え手としての機能が損なわれている限りは、父親殺害に付随して、母親殺害もが惹起されることになる。

換言するなら、どの水準で父親殺害が行なわれるにしても、母親が子どもの支え手でありつづける限りは、付随した母親殺害は生じない。父親殺害が第三の水準で行なわれ、かつ、それに母親殺害が伴わないならば、それは最も幸福な形で少年が大人になることを意味する。

これに対し、母親殺害を本質とする事件は、より深い水準で引き起こされる。観念上の父親殺害が未だ達成されない時点で、先に母親が父親を殺害してしまうのだから、それは、いわば第零の水準ということになる。

いったん第零の水準へ陥ると、父親の理想化が生じる。そして、そのために、母親への憎悪は永遠に続く。これが、母親殺害が反復される理由だった。

それでは、母親殺害の反復を止める方法はないのだろうか。私は、一つだけ、細い道があると思う。

それは、父親を殺害した理由を、母親が子どもに対して、正確に伝えることだ。伝えられた少年と少女は、そのことによってはじめて、母親による父親殺害の追体験を、自ら可能にする。そして、追体験は、やがて少年と少女が、自らの記憶に残る理想の父親を観念の上で殺害するための、道筋を拓くだろう。

このような隘路をたどることによってのみ、母親殺害の反復は、辛うじて抑止されうるのである。

第二部

発達障害は少年事件を引き起こさない

第四章

寝屋川市教職員殺傷事件——居場所の剥奪

❖犯罪と広汎性発達障害(1)

二〇〇〇年以降、いくつかの少年事件で、加害少年が広汎性発達障害を有していると鑑定されることが、断続的にみられた。豊川市主婦殺害事件、長崎市園児殺害事件などが、それである。その頃は、この障害が一般の鑑定医に知られていないため、見落とされがちであることが、最大の問題だった。

ただし、この障害が犯罪と結びつきやすいわけではない。たしかに、裁判所も新聞報道も、必ずと言っていいほど、そう記していた。

では、何が事件を引き起こしたのか。残念ながら、裁判所も新聞も、その点を明示してきたとは言いがたい。そのために、理解困難な事件が発生すると、すぐに広汎性発達障害という診断名が、持ち出されるようになった。かつての見落としに代わって、過剰診断の時代が訪れたのである。

広汎性発達障害は、三つ組みの特徴を指標として診断される。第一は、視線が合わない、友人関係を発展させにくい、興味を分かちあえないといった、相互的社会関係における特徴だ。第二は、言葉や身振り手振りによる、コミュニケーションが不得手という特徴だ。そして、第三は、想像力の範囲が狭い代わりに深いため、こだわりや変化への抵抗が生まれやすいという特徴だ。これらの特徴が、人生の途中からではなく、三歳以前からみられると、広汎性発達障害という診断が可能になる。

広汎性発達障害という上位診断には、いくつかの下位診断が含まれる。三つ組みの特徴が明らかに揃っていれば、自閉症と診断される。言葉の数の上で遅れが認められない場合は、アスペルガー症候群と呼ばれるが、その診断基準をめぐっては、まだ議論が多い。そして、三つ組みのうちの二つははっきりしているが、残る一つが曖昧なときには、特定不能の広汎性発達障害という診断名が用いられる。

ちなみに、広汎性発達障害は、自閉症スペクトラムとも呼ばれる。スペクトラムとは連続体という意味で、自閉症・アスペルガー症候群・特定不能の広汎性発達障害の間は文字通り連続しているし、また、広汎性発達障害を有する人と、そうでない人との間に、明瞭な区分があるわけではない。

では、広汎性発達障害と犯罪との関係について、研究者たちは、どのように考えてきたのだろうか。たとえば、ハウリンという人は、広汎性発達障害にみられる以下の五点の特徴が、違法行為を引き起こしやすくすると、指摘している。(1)自分の行動が他人に及ぼす影響を認識できない、(2)強迫的に追いもとめる、(3)人の表情や回りの状況について理解できない、(4)他の人に利用される、(5)規則を頑なに守ろうとする、の五点だ。

しかし、これらは全て形式面の特徴であり、実際に事件を引き起こし駆動していく理由であるとはいえない。

✧ 犯罪と広汎性発達障害(2)

過去に私は、いくつかの場所で、広汎性発達障害自体が少年犯罪を直接的に惹起することはないと、強調してきた。少年犯罪の背景には、少年にとっての居場所の剥奪、および少年を取りまく大人たちの学校価値への拘泥がある。それらの背景に根ざした、少年たちの怒りと絶望が、少年犯罪を引き起こし駆動させる。そう指摘しつづけてきた。

では、裁判の過程では、広汎性発達障害の存在を、考慮する必要がないということだろうか。

そうではない。

第一に、広汎性発達障害を有する少年は、裁判前の捜査段階をも含めて、誘導尋問の影響を受けやすい。とくに、軽度の知的障害を伴っている場合は、なおさらである。

第二に、広汎性発達障害の存在を見落としたまま、動機や犯行の方法に関する少年の説明を聞くと、「猟奇的」というレッテルを貼ってしまいがちになる。同様に、「反省がない」という決めつけも生じる。

第三に、広汎性発達障害を有する少年を、それと知らないまま単に少年院に入れ、プログラムを消化させただけでは、出院したときに役立たない。同様に、少年刑務所に収容し、刑期を終えさせるだけでは、更生のための意義に乏しい。

どれだけ少なく見積もっても、広汎性発達障害の見落としには、以上のようなマイナス点がある。

ただし、見落としは論外であるにしても、広汎性発達障害に少年事件の直接的原因を求める考え方は、すでに述べたように誤りだ。障害に事件の原因を還元してしまうと、見えたはずのものが見えなくなってしまう。つまり、居場所の剥奪や、学校価値への拘泥といった重要な背景が、覆い隠されてしまうのだ。

そうなると、裁判は、障害を持った子どもと、その子どもを育てた親を、非難するだけの場になってしまう。あるいは、障害に早く気づくべきだったという、早期発見論が幅をきかせるだけの結果になる。どちらも、障害を持つ人たちと、そうでない人たちとの間に、明瞭な分断線を引こうとする考え方だ。

だが、分断線は、明瞭に引きうるわけではない。そのことは、前項で述べた通りだ。そうである以上、私たちは無理やり分断線を引こうとする徒労を予め放棄して、障害と関連する諸特徴を、ただ加害少年の理解と支援という目的のためだけに、使うことにすべきだろう。

分断線が消えて初めて、裁判は私たち全員の財産になる。言い換えるなら、障害に帰すことの出来ない背景を、ともに考え、教訓にすることが可能になるのだ。

以下、二〇〇〇年代の半ば以降に生起した少年事件について、右に述べたことがらを、具体的に検討していこう。

❖ 出身小学校への襲撃

最初に取り上げるのは、寝屋川市教職員殺傷事件である。東京新聞（二〇〇五年二月一五日）によると、その概略は次の通りだ。

二〇〇五年二月一四日午後三時すぎ、寝屋川市立中央小学校に、包丁を持った少年が侵入し、男性教師一人と女性教師および栄養士を刺した。三人は病院へ運ばれたが、背中を刺された男性教師は、まもなく死亡した。

寝屋川署員に取り押さえられた少年は、バイクの免許証から、同小学校卒業の無職Ｂ（一七歳）とわかった。男性教師は、急に現れたＢから「職員室はどこですか」と尋ねられたため、二階に案内しようとして、途中で刺されたらしい。さらにＢは、二階の職員室へ行き、女性教師と栄養士を刺した。署員が駆けつけた際、Ｂは包丁を持って立ち、タバコを吸っていた。

なお、事件の約一時間前、Ｂと思われる男が、正門のインターホンを通じて、Ｂが六年生当時の担任教師の名前を挙げ、「先生はいるか」と尋ねていた――。

後になって、いくつかの背景がわかってきた。それらを、やはり東京新聞（二〇〇五年二月一七日・一八日）の記事から、拾い出してみよう。

Ｂは、両親と姉三人の六人家族である。小学校低学年の頃は、自宅に友人がゲームをするために集まることもあったが、年とともに一人で閉じこもるようになった。高学年になると、ゲームで夜更かしして学校を遅刻するようになり、休みがちになった。「中学二年生からは全く来なくなった」と、同級生は話す。

また、近所の主婦によると、Ｂは「通信教育を受けたり、姉から勉強を教えてもらっていた。最近は髪をおしゃれに染めたり、バイクの免許を取ったりしていた」。こうした生活の中で、Ｂは、大検（大学入学資格検定：現在の高等学校卒業程度認定試験に相当）に合格している。

Bは、襲撃の動機として、小学校時代のいじめを挙げるとともに、「いじめられたとき、教師が助けてくれなかった」と供述した。一方、Bの母親は、捜査本部に対し、Bが「助けてくれなかった」と名指しした当時の担任教師について、「不登校がちになってからも、家庭訪問をしてくれ、感謝している」と説明した。ちなみに、多くの同級生は、「（いじめが）あったとは思えない」と、話していることもわかった――。

✧ 家裁から地裁へ

Bが小学校時代のいじめを動機として挙げているのに対し、同級生たちがそれを否定しているのは、よくある構図だ。同級生たちにとって、いじめがあったと認めることは、自らの倫理的責任を引き受けることに等しい。倫理的責任を引き受けたくないという心理が働けば、いじめを否定するのが手っ取り早い。だから、同級生たちが否定したからといって、いじめがなかったという論拠にはならない。

それはそれとしても、母親が当時の担任教師に「感謝している」のはなぜなのか。Bは（おそらくはいじめから避難するため）不登校をしているのに、「家庭訪問」をするとは、土足で心の中に踏み込むようなものではないのか。それにもかかわらず、なぜ母親は「感謝」しているのか。

関連して、髪を染めたりバイクの免許を取得したのはわかるにしても、Bはなぜ、通信教育や姉から勉強を教えてもらうことにより、早くも大検に合格しようと考えたのか。

それ以外にも、わからないことがある。犯行日の二月一四日は、いうまでもなくバレンタインデーにあたる。Bは、どうしてこの日を選んだのか。

大阪地方検察庁は、まず簡易鑑定（起訴前に通常一、二回の面接と検査により結論を出す精神鑑定）を行なったが、報道されている限りでは、その結果は先述した疑問に何ら答えていない。次いで行なわれた、約二ヶ月間をかけての起訴前鑑定も同様だった。ただし、この精神鑑定では、Bは広汎性発達障害を有していると診断されている。

その後、大阪家庭裁判所は、Bの検察官送致（検送）を決定した。「白昼に予め刃物を準備して三人を殺傷した犯行は凶悪で非人間的。悪質性を考えれば検察官送致が相当」というのが、その理由だった。なお、広汎性発達障害については、「障害は比較的軽度にとどまり、善悪の判断能力や行動を制御する能力は十分。保護処分には相当しない」とされた。その上で、「遺族や被害者から理解を得るためには、公開の法廷で裁判を受けさせ、事件の背景や動機を明らかにし、自らの犯行に対する社会的責任を全うさせる必要がある」と結論づけた。こうして、Bは、成人と同じ裁判を受けることになったのである。

第一章に記した板橋事件と、同じ構造だ。家裁なのに、責任能力の有無にばかり注目している。そもそも、「事件の背景や動機を明らかに」するのは、家裁の仕事ではないのか。それを明らかにしないまま、検送を決めたのか。家裁は責任を放棄して、自らの首を絞めている。少なくとも、そう私には思える。

❖ 地裁から高裁へ

責任能力や被害者・遺族の声を重視するだけの家裁が、前項に記した私たちの疑問に、何ら答えられなかったのは当然だ。それでは、地裁ではどうだったのか。果たして、「事件の背景や動機を明らかに」することが出来たのか。続けて、東京新聞（二〇〇五年九月二九日・二〇〇六年七月一九日・一〇月一九日）の報道を見ていこう。

大阪地方裁判所における初公判で、Bは、「僕の目的は殺すことではなく、あくまで刺すことだった」と述べた。また、検察側は、少年が犯行当日、好意を抱いていた女性のことを思い悩むうちに自暴自棄になり、偶然、小学校の担任教諭を思い出して「いじめを止めてくれなかった」と恨み、殺意を抱いて殺そうと決意したと主張した。一方、弁護側は、「事件前の対人関係の影響で、空虚で特殊な心理状態に陥った。人に危害を加える空想の影響で、担任の名前と『刺す』との言葉を思いついた。担任に対する恨みではなく、言葉への強いこだわりが犯行へと導いた」と主張した。

その後の公判で、「今回のような事件を二度と起こさない気持ちがあるか」と問われたBは、「そういう気持ちはあるが、自信は正直ない」と述べた。また、その理由としては、「犯罪妄想が浮かんだりすること」を挙げた。

これらをもとに地裁は、「犯行は極めて悪質で、もはや（少年院などでの）保護処分の域を超えている」として、懲役一二年の判決を下した。また、広汎性発達障害については、その影響を「過大視できない」としながらも、影響があったと認定した。その上で、判決には、「服役後の社会適応を高めるような療育的な処遇が、少年刑務所で望まれる。長期的、継続的に処遇し、遺族らの苦しみの深さを心の底から感じられるようになることを、強く希望する」との意見が付けられた――。

私たちの疑問は消えるどころか、いっそう増える結果になった。「殺す」と「刺す」との違いが議論されていることから、殺意の有無が争点だったことはわかる。また、広汎性発達障害を有するBの責任能力が争われていたことも、推測がつく。そして、例によって被害者や遺族の心情を動員して、厳罰化の論拠を形成しようとしていることにも疑いはない。しかし、Bのいう「犯罪妄想」とは何なのか。

「犯罪妄想」という術語は、精神医学の中にはない。「加害恐怖」という言葉ならあるが、それは、人を刺してしまうのではないかという恐れにとらわれ、苦しむ場合に用いられる。ただし、実際に刺すことはない。また、「加害妄想」という言葉もあって、たとえば何らかの事件をテレビニュースで見たとき、自分が引き起こした事件だと確信を抱く場合に使われる。もちろん、事件を引き起こしたのは別人であり、事実とは異なるから妄想なのである。

Bのいう「犯罪妄想」は、それらのいずれでもない。だから、「犯罪妄想」という言葉は、Bのオリジナルな表現なのだろう。では、それは具体的に何を指しているのか。

教師を刺すことを空想した——それを「犯罪妄想」と呼んでいるのだろう。そうであるなら、Bはなぜ「犯罪妄想」を抱くに至ったのか。それは、過去のいじめとは無関係なのか。教師や母親の振る舞いとは、関係していないのか。大検合格は、「犯罪妄想」を抑止できなかったのか。そして、「犯罪妄想」が、バレンタインデーにおける現実の犯行に、なぜ結びついていったのか。

これらを全く解明しないまま、舞台は高裁へと移ったのである。

✧ 高裁判決(1)

大阪高等裁判所の判決は、二〇〇七年一〇月に下された。地裁判決よりも重い、懲役一五年だった。ここでは、新聞報道によらず、高裁が発表している判決要旨自体を、検討していくことにしよう。

第一に、殺意の有無について、高裁判決は「加害空想」という言葉を用いながら、説明している。すなわち、「加害空想」の中で形成された「刺す」という行為は、殺害の手段であったというのである。

平たく言い直せば、Bは頭の中で、教師を「刺す」姿を思い描いていた。その延長上に、「刺す」という行為が現実に生じた。それは、あくまで「刺す」だけであって「殺す」ことではない。そういう弁護側の主張に対して、「刺す」と「殺す」は一体だと、高裁は判断したということだろう。

殺意の有無を裁判で争うことは、確かに重要だと思う。しかし、誤解を恐れずにいえば、どうして「加害空想」をBが抱くに至ったのかを解明することの方が、国民にとってはより重要だ。判決要旨は、裁判所から国民に向かって公表される、唯一の文書だ。いじめと、それに際しての教師の言動は、「加害空想」に結びついていなかったのかどうか。そういう肝腎な点が、殺意の有無論争の陰に、隠れてしまっているのである。

第二に、高裁判決は、責任能力について記している。ここで、判決は、Bの有する障害が、「特定不能型の広汎性発達障害」であったことを明らかにしている。同時に、犯行当日は「特殊な心理状態」だったが、それはかなり「薄まっていた」と指摘している。そうであるがゆえに、責任能力があると判断したというのだ。

またもや、わからない言葉が登場した。「特殊な心理状態」とは何か。そんな術語は、精神医学の中には存在しない。「病的な精神状態」という言葉なら、用いられることがある。統合失調症や躁うつ病といった狭義の精神病でない場合でも、人間は追いつめられれば、幻覚や妄想を呈することがある。そのことを指して、「病的な精神状態」と表現する。そして、何らかの障害をもった人が追いつめられると、より「病的な精神状態」が生じやすくなる。

とにかく、正確な用語を使ってほしい。もし「特殊な心理状態」が「病的な精神状態」を意味するのであれば、どのような状況がBを追いつめ、そのような心理状態をもたらしたのかが、解明される必要があるからだ。広汎性発達障害を有する人が、何の契機もなく「病的な精神状態」を産み出すことなど、決してありえない。ここでも、国民にとって最重要の主題が、責任能力に偏重した精神鑑定や裁判の陰に隠れてしまったと、言わざるをえないであろう。

⚘ 高裁判決（2）

第三に、高裁判決は、五五条移送（第一章参照）について記している。すなわち、五五条移送をしないのは、「（Bが）結果の重大性を直視する必要がある」からであり、「いまだ真摯な反省に至って」いないからであるとしている。ただし、反省に至っていないのは、「広汎性発達障害の一つの表れと考えられ」るという。加えて、「本件は、広汎性発達障害とそれに起因する特殊な心理状態なくしては起こらなかった犯行である」とも述べている。

これらの判断は、果たして正しいだろうか。確かに、広汎性発達障害を有する人に、感情論に基づくだけの反省を迫っても、それは通用しないだろう。良い意味でも悪い意味でも、理論的に納得できないかぎり妥協しないこだわりが、この障害の特徴だからだ。そうであるからこそ、なおさら、どのような状況がBを追いつめたかを解明し、それをBと共有することが重要なのに、その点について判決は何も触れていない。

畢竟、家庭裁判所の段階で解明すべきことがらを、そうしてこなかった結果が、高裁判決にも響いているのだ。そのように考えるなら、五五条移送によって、家裁が本来なすべきだったことをなせ、というのが筋だろう。

結局、私たちの疑問に対して、どの裁判所も答えることが出来なかった。私たちは、疑問に対して、自ら解答をつくっていくしかない。

だが、その前に、判決に対するB自身の考えをも含む、弁護人のコメントについて、触れておくことにしよう。全国不登校新聞社の発行する『Fonte』（二〇〇七年一二月一日）には、Bの代理人弁護士のコメントとして、以下のような内容が掲載されていた。

「彼の独特なこだわりが、『生きづらさ』を呼び込み、人間関係の築きづらさをつくり、孤立感や被害感情を抱えていたことはたしかです。……（中略）……結果として、それを裁判で理解してもらうのが難しかった」

「判決に関して、彼は一貫して『それに従う』という姿勢を崩さず、この判決も『納得』しています。ただ、彼は論理的な思考が先立ってしまい、表面上は不安を見せません。それが、私にとっては『切なく感じる』というのが率直な感想です」

「小中学校時代に独特の認知のクセのある彼を、そのまま受け入れる環境があれば、ストレスも減り、事態は変わっていたかもしれないと思っています」

なるほどと思う。裁判で「生きづらさ」を理解してもらうためには、特定不能の広汎性発達障害という概念を、持ち出さざるをえなかったということなのだろう。

また、「そのまま受け入れる環境」とは、大阪の障害児・者運動が伝統的に用いていた言葉に翻訳すると、おそらく「おもろい子やなという感じでつきあう」という表現になるのだろう。今日の言い方をすれば、ノーマライゼーション（障害児・者を「正常」化するのではなく、彼ら／彼女らを取りまく社会を正常化するという考え方）ということになるのかもしれない。

それにしても、「（判決が正しければ）それに従う」というBの姿勢は、私たちから見ても「切なく感じる」。繰り返し記してきたように、なぜ「妄想」ないし「空想」を抱いたのか、そしてバレンタインデーの日に、あえてそれを実行しないといけなかったかが、Bと共有されていないままだからだ。遅まきながら、私たちは、それらを解明する作業に、とりかかる必要がある。

「妄想」とバレンタインデー

新聞も判決要旨も、ほとんど伝えなかった事実を拾いだすために、ここで、寝屋川市教職員殺傷事件の裁判を取材した『裁かれた罪　裁けなかった「こころ」』（岩波書店）という本から、いくつかの事実関係を、抽出してみることにしたい。

小学校一年生時、Bは万引きをして、母親に叱られた。二年生時、Bは毎日のようにいじめられたが、担任教師は取りあってくれず、母親からは強くなるように言われただけだった。四年生になると、姉が拒食症に罹患したため、母親はBの不登校の状況を、正確に記憶していないという。この頃、Bは「部屋に盗聴器が隠されているのではないか」と考えるようになった。なお、いじめは六年生になっても続いたが、教師の対応は、Bにとっては不十分なままだった。

中学では、いじめる側に回ったこともあった。二年生からは、いじめられて学校が怖くなり、七月以降、登校しなくなった。級友から年賀状が来ると、「連中が何かを企み、様子を探るためではないか」と思った。卒業後、大検に合格した後、姉の拒食症が再発した。一方、Bには、交番に入って「革命を起こしに来ました」と話すといった、奇妙な言動が認められるようになった。

犯行の前年、Bは病院で、一人の女性と知りあった。しかし、その女性にはつきあっている男性が、既にいた。それでも、Bは、その女性に対する恋愛感情を抑えきれなかった。その女性を頭の中で思いうかべることを、Bは「恋愛妄想」と名づけた。事件当日、Bは、姉からもらったバレンタインチョコレートを持って、家を出た。かつての担任教師を「刺す」という言葉が浮かび、小学校へと向かったのだ――。

誰からも支えられず、承認してもらえなかった、Bの姿が浮かび上がってくる。

まず、低年齢児の万引きの多くは、家族に自分の苦悩を訴えるためのメッセージであるとともに、万引きという行動をしたときに周囲がどのような態度をとるかをテストするという、二つの意味を持っている。つまり、苦悩をわかってほしいという気持ちと、わかってくれるはずがないという諦めの両者が、混在しているのだ。

Bの万引きにも、そういう意味が含まれていたのだろう。ただし、Bの抱えた苦悩が、何であったかまではわからない。幼いBを苦しめる何かが、すでにBの回りに存在していたことだけが、確かなのである。

次に、小学校には、どこにでも悲惨きわまりないいじめがあり、それらのいじめへの教師による不当な対処がある。そして、母親によるいじめへの不適切な対応も、残念ながらどこにでもある。つまり、いじめは他人事ではないのだ。Bの場合もそうだった。

それどころか、Ｂは「部屋に盗聴器が隠されているのではないか」と、考えるようにまでなっている。そして、不登校という形で自らを守ろうとした時期においてさえ、「連中が何かを企み、様子を探るためではないか」と感じている。それほどまでに、Ｂは、いじめによって追いつめられていたのである。だが、教師も母親も、Ｂを助けようとはしなかった。教師による家庭訪問と、それに感謝する母親の姿が、Ｂから家庭での居場所を奪っていったことは、想像に難くない。そして、その背景に教育価値への拘泥があったことも、もはや論をまたないだろう。

最後に、教師も母親も自分を支えてくれないと感じたＢにとっての、唯一の拠りどころは、病院で知りあった女性だった。そして、その女性を思い浮かべることを、Ｂは「恋愛妄想」と呼んだ。しかし、すでにつきあっている男性がいたため、その女性がＢの支え手になれないことも明らかだった。

結局、Ｂを承認してくれたのは、辛うじて姉だけだったのではないか。しかし、その姉も、拒食症に苦しんでいる。そんな中で、Ｂは、「特殊な心理状態」（正確には「病的な精神状態」）に陥り、「革命」という意味不明の言動を呈するに至った。

これらの過程は、広汎性発達障害から自動的に発展した軌跡ではない。そうではなく、Ｂを追いつめるいじめの存在と、Ｂを支え承認する人の不在ゆえに陥った、エアポケットなのである。

誰からも愛されていないと感じたBは、愛が渦巻いていると仮構された日に、人を刺す行動に出た。犯行がバレンタインデーだったのは、だから偶然ではない。

✧ 事件が教えるもの

前掲書（『裁かれた罪　裁けなかった「こころ」』）によると、Bは、逮捕されてからも、「弁護士がスパイではないか」、「ある宗教団体が穴から見張っている」という妄想を、抱いていたという。このような病的精神状態は、やはり現実の中で追いつめられ、救援が得られない状況で発生するものだ。広汎性発達障害は、せいぜい、それらが相対的に発生しやすくなる一因でしかない。

だからこそ、何がBをそこまで追いつめたのかを、私たちは解明しようとしてきた。そして、いじめの舞台である学校からの撤収を認められない大人たちによる、教育への拘泥が、Bから居場所を剥奪していく過程を確認してきた。

しかし、裁判に限っていえば、ここで一つのジレンマが生じる。解明すればするほど、それは了解可能な心理状態と考えられるがゆえに、責任能力ありというところに、結論が収斂してしまうのだ。前々項で引用した、「それ（『生きづらさ』と『人間関係の築きづらさ』）を裁判で理解してもらうのが難しかった」という弁護人の言葉は、その苦渋を表している。つまるところ、責任能力に偏重した精神鑑定と裁判のあり方が、大きく変更されなければならないのである。

寝屋川市教職員殺傷事件から三年後、愛知県知立市でも、卒業生の少年が、元担任を刺傷する事件が起こった。少年は、復讐するつもりだったという。少年の同級生は、授業中に字が汚いと注意された少年が、激昂して当時の担任に殴りかかったことを記憶している。また、刺された元担任は、授業中に別の男子生徒から、小型ナイフで刺されたことがあると、報道されている（二〇〇八年七月三〇日『中日新聞』）。

名古屋家庭裁判所岡崎支部は、弁護人の求めに応じて、少年の精神鑑定を実施した。その結果を踏まえ、「殺害の方法や動機、精神疾患の影響、反省状況などを考えると、相当の長期間、精神科医による治療と専門的な矯正教育が必要」と指摘。法務省の通達で原則二年間とされる少年院の収容期間を超えて、医療少年院で更生を図るべきだとした（二〇〇八年一一月二八日『中日新聞』）。

知立市の少年が被った学校時代の被害は、いじめではなく、教師の言動に基づくもののようだ。ただし、この少年が、どのような障害を持っていたかまでは、明らかにされていない。また、この少年とは別に、同じ教師を小型ナイフで刺した生徒が、何らかの障害を有していたとの報道はない。

いじめとは異なる教師の言動であっても、そして、少年たちが障害を持っていてもいなくても、同様の事件は起こりうる。ここでは詳細を記すことは出来ないが、私自身の精神鑑定例でも、障害を有していない青年が、かつて学校でいじめられた相手に対し、数年を経て復讐しようとした事例がある。学校という閉塞空間で被った心の傷は、卒業後も続くのである。

支え承認する人がいないとき、心の傷は広がりつづける。そして、ある閾値《いきち》を越えたとき、妄想化するのである。それは、広汎性発達障害に還元できない事実だ。その意味で、障害自体が犯罪を惹起するとは、決していえないのである。

第五章

伊豆の国市タリウム事件——関係の貧困

✧ タリウムを母親に摂取させる

前章で私たちは、いじめの中で追いつめられた自分を、支え承認してもらえなかった少年が惹起した、教職員殺傷事件を検討してきた。一方で、同じような状況を経験しながら、攻撃の方向が、家庭外ではなく家庭の内部へと向かうこともある。それが、極限の形で現れたのが、静岡県伊豆の国市におけるタリウム事件だった。

この事件は、以下のような輪郭を持っていた。各紙の報道に基づいて、確認しておこう。

二〇〇五年一〇月三一日、静岡県伊豆の国市に住む県立高校一年生の女子生徒C子が、殺人未遂容疑で逮捕された。調べでは、C子は八月上旬から一〇月二〇日頃の間、殺鼠剤として使われるタリウムを、母親に摂取させた。このため、母親は筋力低下や呼吸障害などをきたし入院したが、その後、意識不明の状態に陥った。入院後も母親は、何らかの形で、タリウムを摂取させられていたとみられる。しかし、逮捕されたC子は、容疑を否認した。C子は、両親と兄二人に祖父母を加えた、七人家族である（『毎日新聞』二〇〇五年一一月一日）。

C子は、学校では化学部に所属し、薬品に関する知識が豊富で、タリウムなど数種類の薬物を、自室に保管していた。また、自室から押収されたデジタルカメラとパソコンには、病室の母親の姿が何回かにわたって撮影された画像が残っており、ベッドに横たわった重体の母親の顔も収められていた。さらに、小動物を解剖した様子を撮影した、画像もあった。加えて、自室からは、英国の連続毒殺犯グレアム・ヤングについて記した『毒殺日記』という本も見つかった。C子は、中学の卒業文集で、好きな人物としてグレアム・ヤングの名を挙げていた（『読売新聞』二〇〇五年一一月三日）。

C子は、自らのブログに、「母親しかいない昼間に、（目を盗んで）飲み物に薬物を混ぜた」と、記述していることがわかった。C子は、自宅近くの薬局で、「実験に使う」としてタリウムを注文し、二回に分けて受けとっていた。なお、C子が、「父親は小遣いをくれるので好き、母親は好きではないが嫌いでもない」と、供述していることもわかった（『産経新聞』二〇〇五年一一月三日）。

✧精神鑑定から家裁審判へ

静岡地方検察庁沼津支部は、精神鑑定の実施を決めた。約三ヶ月間をかけて行なわれた鑑定の内容は、「幼児期からの発達上の問題が存在し、これを基盤としつつも、後天的に形成された人格のゆがみも認められる」というものだった。

しかし、この精神鑑定には、内容以前の問題があった。前項に記したように、C子は容疑を否認している。それにもかかわらず、C子がタリウムを投与したという前提のもとに鑑定を押しすすめるなら、冤罪に加担してしまうおそれがあるのだ。実際に、過去の有名な冤罪事件でも、この種の問題が生じ、日本精神神経学会という団体の学術総会で、大きな議論を呼んだことがある。

だから、多くの精神科医は、事件の根幹的な部分を否認している被疑者や被告人に対して、精神鑑定を行なうべきではないと考えている。私も、その一人だ。このような根底的問題を孕んだまま、鑑定後に地検は「刑事処分相当」の意見をつけて、C子を静岡家庭裁判所沼津支部へ送致した。要するに、成人と同じ裁判をするべきだから、検送を求めるという意見だ。こうして、二〇〇六年三月八日に、舞台は家裁へと移された。

ところが、事態は急転回した。四月六日に父親が面会した直後、C子は付添人弁護士に対し、

「僕がやったんだ」（C子は自分のことを「僕」と呼んでいる）と、タリウム投与を認めたのだ。読売新聞（二〇〇六年五月一日）によれば、父親が「障害をきちんと治療して、事実をきちんと認めて戻ってくれれば、受け入れてあげるよ」と諭したのが、きっかけだという。

おそらく、父親に対して的確なアドバイスを与えた人が、いたのだろう。そして、そのアドバイスを受け入れるだけの素地が、父親にあったからなのだろう。おおむね適切な諭し方を、父親はしていると思う。

ただ、「障害をきちんと治療して」というあたりに、どういう気持ちを父親が込めたかはわからない。また、どうC子が理解したかはわからない。一方では、こういう説明は、引き受けることがあまりにも重い事件に対する、クッションの役目を果たすことがある。つまり、事件は、C子のせいでも家族のせいでもない、障害のせいだというわけだ。他方で、この説明が突出すると、ひたすら第三者に「治療」を委ねることにより、変えるべき何ごとかを変えないまま、やりすごしてしまうことにもなりかねない。私が「おおむね」と言ったのは、そういう意味だ。

このような留保が必要だとしても、「受け入れてあげるよ」という言葉には、何ものにも代えがたい響きがある。どんな事件を起こしたにせよ、娘は娘だという決意が感じられるからだ。この言葉に接したとき、C子は、かつての「父親は小遣いをくれるので好き」という考えを、改めたのではないか。

（だが、ここまで記してきて、私の内部に何か腑に落ちない気持ちが、湧きおこってくるのを感じる。「受け入れてあげるよ」という言葉が、綺麗事のように思えるのだ。しかし、この点に関する考察は、あえて終章にまで、持ちこすことにしたい。）

家裁決定

さて、家裁の下した決定は、以下のようなものだった。前項と一部で重複するが、発表された決定要旨から要点を書き出してみよう。

「精神鑑定の結果などによれば、少年（C子のこと：引用者註）には幼児期から発達上の問題が存在し、これを基盤としつつも、後天的に形成された人格のゆがみも認められる。これらが非行の原因に深くかかわっていること、非行当時もこれらの影響下にあり、責任能力の否定や著しい減弱までには至らないが、是非弁別能力や行動制御能力が、ある程度阻害されていたことが認められる」

「更生のためには、少年がこれらの問題を自覚し克服することが必要で、精神科医など専門家による、少年の内面に深くかかわった強力な働きかけが必要だ。……（中略）……矯正教育が功を奏すると期待できる。これらのことから、少年には刑罰ではなく、更生のための環境が整った医療少年院での矯正教育が適切である」
「少年の人格の基本的な構造に根ざした障害への働きかけには、それ相応の年数を要すると考えられるから、相当長期の矯正教育を施す旨の処遇勧告を付した上で、医療少年院に送致するのが相当である」

「相当長期」という勧告はともかくとして、地検による「刑事処分相当」の意見に与《くみ》しなかった決定という意味では、評価しうる内容といえるかもしれない。しかし、「発達上の問題」とは何か。また、「後天的に形成された人格のゆがみ」とは何か。そして、両者はどう関連しながら、事件へと結びついているのか。家裁決定を読んでも、このような疑問を払拭することができない。

別の言い方をしてみよう。発達障害を有する少年や少女による事件の一部を、「理科実験型」と名づける場合がある。しかし、そう名づけて済まされるような問題ではないということだ。C子による母親へのタリウム投与が実験であるためには、C子にとって、母親が他の小動物と同列の「生き物」にすぎないことが前提になる。だとすると、何が母親を、他の小動物と同じ「生き物」にまで、押し下げてしまったのか。この問いこそが、解かれるべき最も重要な課題だといえる。

関係が切れていたのではないか。つまり、C子と母親との間に、究極ともいうべき関係の貧困が、生じていたのではないか。そう考えるしかない。しかし、事件のあった夏も含めて、C子を含む五人は、毎年のように仲良く海水浴を楽しんでいたことが、知られている。そればかりでなく、C子の両親は、いつも二人で、C子を含む子どもたちのために時間を割いていたという。

では、どう考えればいいのだろうか。手懸りが二つある。C子の「好きな人物」であるグレアム・ヤングに関しての『毒殺日記』という本と、C子自身が記したブログの内容だ。これら二つに沿って、私たちの考えを検証していこう。

✧『毒殺日記』(1)

まず、『毒殺日記』（飛鳥新社）からである。

グレアム・ヤングは、一九五七年にロンドン北部の病院で生まれた。難産だった。母親は結核のために、グレアムが生後三ヶ月の時点で死亡した。時計製作工場で主任として働いていた父親は、彼の妹（グレアムにとっての叔母）に、幼い息子を預けた。叔母とグレアムとの間は、すぐに強い絆で結ばれるようになった。

しかし、グレアムが二歳半のとき、すべてが一変した。父親が再婚し、グレアムは継母たちと一緒に暮らすことになったのである。

継母は、厳しい女性だった。彼女は、服も小遣いも十分にグレアムに与えず、夫（グレアムの父親）が留守のときは、家に鍵をかけてグレアムを中へ入れようとはしなかった。また、継母はパブでアコーディオンを弾いて小遣い稼ぎをしていたが、その間、グレアムを外に座らせたままにしていた。さらに、グレアムの集めていた模型飛行機を、すべて壊してしまったこともあった。後になって、グレアムは、自分は継母を憎んでいるし、いつも夜は実母のことを思い出して寝ていると、涙ながらに語っている。

再婚した父はというと、彼は前妻の死を、グレアムのせいだと考えていた。そのためか、グレアムに対して邪険で、愛情を示すことはなかった。

一方、グレアム自身は、物静かで内気であり、グループでの行動に加わろうとしなかった。図書館で子ども向けの本と軍事関係の本を読みあさり、学校を嫌った。

また、グレアムは、家族の交際範囲の中ですら、友人をつくることが容易ではなかった。まじめな会話をする相手は、公園で会う老人たちだけだった。医学・犯罪・黒魔術・ナチズムに関する書物を好み、家族の団欒は、グレアムの戦争についての講釈と、医学に関する執拗なお喋りに振り回されることになった。

グレアムは、塩酸とエーテルを、薬剤店のゴミ箱から盗んで、保管していた。それにもかかわらず、父親は寛大にも彼に、化学の実験セットをプレゼントした。学校では、グレアムは、鼠の実験を繰り返した。彼のもう一つの趣味は絵を描くことであり、死刑台の上で「毒」と書かれた注射器を刺されている人物の絵や、「ママ」と「パパ」と記された棺の絵を描いた——。

今であれば、グレアムに対して、何らかの診断名がつけられるかもしれない。だが、それ以前に、グレアムと家族（父親および継母）との関係が、まさに切れてしまっていることに注意する必要がある。

❖『毒殺日記』(2)

続けて、『毒殺日記』の内容をたどっていこう。

一三歳半になったグレアムは、薬剤店で二五グラムのアンチモンを買い求めた。以来、アンチモンのストックが始まり、その薬瓶をグレアムは「リトル・フレンド」と呼んだ。それを継母が見つけ、グレアムは叱責された。その年の冬、継母は二度、体調が悪くなった。父親もまた、継母と同じような症状を二度、訴えた。さらに、グレアムの姉も、激しい吐き気を催した。

グレアムは、継母の健康を案じ、いつも彼女のもとへコップに入れた水を運び、ときには薬局から薬を買ってきて与えた。この時点でグレアムは、アンチモンのほかに、砒素、ジギタリス、トリカブトのエキス、そしてタリウムをストックに加えていた。

継母は病院へ行ったが、診断がつく前に死亡した。その後を追うように、父親が入院した。

見舞いに行ったグレアムは、父親とはほとんど口をきかなかったが、医師や看護師が来れば、必ず父親の病状について問いただした。彼は、砒素とアンチモンとの見分け方について、医師の説明に聞き入っていた。

理科の担任が、精神科医にグレアムとの面談を依頼した。面談した精神科医は警察に通報し、その結果、タリウム入りの小瓶が警察によって押収された。しかし、グレアムは当初、すべてを否認していた。

少年鑑別所における精神鑑定は、グレアムが「道徳観念の欠如」を示していると、結論づけた。すなわち、「精神的失調を来たしているだけで、いかなる精神病にもかかっていない」。それにもかかわらず、「彼には最高の警戒設備を備えた病院での治療が必要」とされたのである。

こうして、一四歳のグレアムは、「最高の警戒設備を備えた病院」であるブロードムアに、一五年間は釈放されないという条件で、入院させられた。なお、ブロードムアの医師は、「この専門病院に受け入れることさえ、あまりにも危険すぎる」と述べた——。

「発達上の問題」ではなく「道徳観念の欠如」と診断されていること、「相当長期」ではなく「一五年間」と明記されていることを除けば、伊豆の国市のC子と、ほとんど変わるところがない。

つまるところ、「発達上の問題」も「道徳観念の欠如」も、単なる記号になりかねないのである。換言するなら、C子と母親との関係が切れていたのと同様に、グレアムと親たちとの間に、絶対的といっていいほどの関係の貧困が横たわっていることを、軽視してはならないということだ。このことを勘定に入れない限り、グレアムがタリウムを投与した相手が、なぜ継母と父親だったのかが見えてこないからである。

このように、「発達上の問題」も「道徳観念の欠如」も、それだけに犯行の理由を帰すことは間違いであり、あくまでC子ないしグレアムと、タリウムを投与した相手との関係が切れていたことを、忘れてはならないのである。

C子のブログ(1)

『毒殺日記』のグレアムと、親たちとの関係が切れていた理由は、明らかだったといってよい。継母は、服も小遣いも十分にグレアムに与えず、夫が留守のときは、家に鍵をかけてグレアムを中へ入れようとはしなかった。また、パブでアコーディオンを弾いて小遣い稼ぎをする間、グレアムを外に座らせたままにしていた。さらに、グレアムの集めていた模型飛行機を、すべて壊してしまった。父親も、前妻の死をグレアムのせいだと考え、彼に愛情を示すことはなかった。

では、伊豆の国市のC子の場合は、どう考えればよいのだろうか。ここで、C子の記したブログの内容（『週刊文春』二〇〇五年一一月一七日号）を、検討することにしよう。
七月一日　沈黙「七月になりました。ですが、何も変わりありません。僕（C子が一人称として『僕』を用いていたことは、すでに述べた：引用者註）の英語の参考書は無くなったままだし、教室では孤独です」
七月八日　幻影と代替「僕の前の席のA君（ブログでは実名）は僕のことを嫌っています。僕と顔が遭うと直ぐに背けますし、僕の机をまともに運んでくれません。今日は僕の机を尻で押しながら運ぶ彼と、目が合いました。手で触りたくないようです」
「A君は中学校の頃の僕の知人と顔が似ています。彼等は何時も僕をからかっていました。僕の物はよく無くなりましたし、それらは彼等の手の中で見つかる事の方が多かったです。でも、三年生に成るまでは彼等だけが僕の話し相手でした。仮令其れが如何に僕にとって嫌な行為であろうとも、何時も欠かさず僕の名を呼び続けてくれたのは彼等でした。そんな彼等の内の一人と、A君は本当によく似ています」
「今度は僕が猫の役をやる、君は鼠をやってくれ」
七月一一日　幻覚「頭が痛いです。エフェ錠の副作用でしょうか？　周りで女子の甲高い声が響いているのが聞こえます。……（中略）……『だってぇー』『クスクス』『キャハハッ』『あはは』『うそォ、マジで？』『ほんとだよー』『本当にあいつが……』『うわっ、しんじられない！』『マジかよ』『キモ過ぎだし、』此れ等はどこから聞こえてくるのでしょうか？……
（後略）」。

ブログを読む限り、中学から高校にかけて、C子がいじめの被害にあっていたことは、間違いないようだ。男子生徒からも、女子生徒からも、である。もちろん、寝屋川市教職員殺傷事件の場合と同じく、問われればC子の同級生たちは否定するだろうが。

それでは、この苦しい局面をC子は、どう切り抜けていこうとしたのだろうか。続けてブログを読みすすめていこう。

C子のブログ(2)

七月一二日　価値「今日は保育体験実習に行きました。其処の保育園で四歳児の世話をしました。彼等はとても可愛いです。彼らは僕を必要とし、求めてくれます。僕に存在価値を見出してくれるのです。僕にも存在価値があったなんて、今まで受けた悲しみが少し慰められた気がします」

この部分を読むと、C子が、生まれながらの「道徳観念の欠如」者では、決してないことがわかる。同時に、「僕を必要とし」「存在価値を見出してくれる」という言葉からは、たとえ幼い子どもからであっても、他者からの承認を、C子は求めていることがわかる。このあたりも、寝屋川市教職員殺傷事件の場合と共通しているといってよい。

七月一九日　疼き「ずっと闇の中で蹲っていて、やっと手を差し伸べてくれたと思ったら、すぐに離された。最後まで助ける気がないのなら、最初から無視してくれた方がよかった」

七月一九日　流れと波「そんな事は在りえないけれども、もし、一度だけ生まれ変われるとしたら、僕は植物になりたい。大きな喜びは無いけれど、代わりに深い悲しみも無い」

七月三一日　imaginary companion「暗く冷たい街の中白く輝く月光は歩むべき獣道の様で静かに僕は其処を行く夜空を見上げる毎に君の事を思い出す僕の全てであった君を僕は唯求めている……（後略）」

他者からの承認を求めるC子の気持ちが、他者によって裏切られていく様子がわかる。「やっと手を差し伸べてくれた」人が誰だったかはわからないが、「最後まで助ける気がないのなら、最初から無視してくれた方がよかった」というのは、いじめを受けた人たちが、必ずといっていいほど抱く気持ちだ。

こうして、C子は、「植物になりたい」と考えるほど、追いつめられていく。そこで、C子が求めたものが、「imaginary companion」（イマジナリー・コンパニオン）だった。

幼児が架空の誰かと喋り遊ぶとき、その想像上の相手を、イマジナリー・コンパニオンと呼ぶ。一時期、私と同じ病院で働いていた心理士の澤たか子の論文によると、イマジナリー・コンパニオンは、子ども期だけではなく、青年期にも見られる現象だという。また、イマジナリー・コンパニオンは、おおむね本人の利益に沿う伴侶的な存在であり、本人の必要性にしたがって機能しているという。その上で、本人がその架空性を認識している点、および利益を得ている点では、必ずしも病的とはいえない部分を持つと、澤は結論づけている。

C子にとってのイマジナリー・コンパニオンが、具体的にどういうものであったかはわからない。ただ「僕の全てであった君」と、記されているだけだ。それでも、いじめのもたらす苦しさと、裏切られていく苦しさを、C子はイマジナリー・コンパニオンと交流することにより、切り抜けようとしていたことだけは確かである。

◇C子のブログ(3)

だが、イマジナリー・コンパニオンとの交流をもってしても、切り抜けることができないほど、C子は追いつめられていく。タリウムを使用しはじめたと考えられている時期以降の、ブログを読んでいこう。

八月一一日　兎亀競争「『耐えるのじゃ、耐えるのじゃ』説教師はみな叫ぶ、彼らこそ、日がな夜がな、頑張ってわめいているのだ。『カメとウサギのお伽ばなしを思い出すのじゃ……（後略）』」

八月一四日　我が兄弟へ「兄は此れを見ている。訪問記録に残っている。挙動から分かる、それとなく臭わせている。ごゆっくりどうぞ、お客様」
八月一八日　酢酸タリウム「今日薬局から電話がありました。問屋が〝酢酸タリウム〟と〝酢酸カリウム〟を間違えたらしいです。すぐに取り替えるそうですが、待ち侘びている……（後略）」
八月一九日　嫌疑「昨日から母の具合が悪いです。全身に発疹が起こり、特に顔面に症状が強く出ています」
八月二四日　小さな友達「眩しいほどに晴れ　酢酸タリウムが届きました」
八月二六日　浸透「お腹が痛いです。原因は解っています。タリウムです。昨日、それの水溶液を誤って指に付けてしまったのです」
九月一二日　弱く強い力「今日も母の調子は悪いです。二、三日前から脚の不調を訴えていたけど、遂に殆ど動けなくなってしまいました」
C子に対して、実際に誰かが、いじめに耐えよと「説教」をしたのかどうかまではわからない。しかし、もはや耐えられないほどの状況に至っていることは、容易に推測が可能である。
ここで、イマジナリー・コンパニオンに代わる、否、それ以上の役割をもって登場したのが、「小さな友達」すなわちタリウムだった。そのように名づけたのは、『毒殺日記』に描かれたグレアム・ヤングが、薬瓶を「リトル・フレンド」と呼んだことに、ちなんでいるのだろう。そうであったにしても、C子がタリウムを「小さな友達」と呼んだのは、単なる比喩以上の意味を持っていた。繰り返すなら、それはイマジナリー・コンパニオンを上回る「友達」だったのである。

◈「発達上の問題」と「後天的人格のゆがみ」

ていねいに読みとっていくなら、八月二四日までは、C子は未だタリウムを入手していないことがわかる。だから、その日以前に母親の体調が悪くなっているのは、おそらく別の薬品によるものだろう。いずれにしても、これ以降、C子のブログは、母親を対象とした、観察記録と化していくのである。

ところで、八月一四日までに、兄がブログを覗いていたことを、C子は感じとっている。そうだとすると、ブログを通じて兄は、C子に対するいじめに気づくことが出来たのだろうか。私たちの知りうる限り、母親の具合が悪くなったのは、八月一九日の前日からである。つまり、母親が具合を悪くする前に、兄はC子のブログを覗いていたことになる。それなら、兄は何を知ろうとして、C子のブログを「訪問」したのだろうか。

断定して答えうるだけの、材料はない。また、上述した日付からの類推には、瑕疵《かし》があるかもしれない。ただ、ブログに記されたいじめの事実に、兄は気づかなかったのではないか。あるいは、薬品などの衝撃的に映る記載に眼が奪われて、いじめに関する記載にまで、気が回らなかったのではないか。それゆえ、兄以外の家族もまた、事件後にブログの内容がメディアで報道されるまで、C子に対するいじめに気づいていなかったのではないだろうか。

とりわけ、いじめによるC子の苦しみを、母親が知りえていなかったとするなら、母親が実験の対象に選ばれた理由も氷解する。毎年のように仲良く海水浴を楽しんでいたとしても、そしてC子を含む子どもたちに、いつも時間を割いていたにしても、母親はC子を支え承認することが、出来ていなかったのである。

だから、C子の「発達上の問題」が、偶然の実験対象として、母親を選んだのではない。その前に、いじめによる苦しみがあり、それに気づくことが出来なかったがゆえに、母親はC子の支え手となりえなかった。だからこそ、C子と母親との関係が、切れてしまっていたのである。それが、「母親は好きではないが嫌いでもない」という、C子の供述の意味だった。こうして、母親の存在は、他の小動物と同じ位置にまで、押し下げられていったと考えられる。

最後に、「後天的に形成された人格のゆがみ」という言葉に含まれる、本当の意味についても、簡単に触れておこう。

これまでに私たちが検討してきた内容からは、いじめに耐えるために創りだされたイマジナリー・コンパニオンと、「小さな友達」すなわちタリウム以外に、後天的に形成されたものは見当たらない。そして、それらは「人格のゆがみ」であるとは、もちろんいえない。「ゆがみ」があるとするなら、それは人格ではなく、学校と家庭の中での、C子に対する関係だったのである。

第六章　奈良医師宅放火事件――父親支配の呪縛

❖放火による継母殺害

前章に引きつづき、母親との関係が切れていたと考えざるをえない事件について、検討を重ねていきたい。本章で扱うのは、やはり加害少年が広汎性発達障害を有しているとされた、奈良医師宅放火事件である。ただし、この事件では、実母ではなく、継母とその子どもたちが犠牲になっている。

まず、事件の概要を、中日新聞（二〇〇六年六月二三日・七月一三日）の記事に基づいて、整理しておこう。

二〇〇六年六月二〇日午前五時一五分頃、高校一年生の少年D（一六歳）が、奈良県田原本

町の自宅に放火し、医師である継母と、父親と継母との間の子ども二人を焼死させた。そのとき、同じく医師である父親は不在だった。

放火の後、Dは電車で京都へ向かい、野宿した。翌二一日は公園の滑り台で眠り、二二日未明に、公園に隣接する女性宅へ侵入した。逮捕されたDは、「(テレビで)サッカーを見たかった」と、侵入の理由を語った。

放火の理由に関してDは、「成績のことで父親に言われた」と供述した。「(英語の試験が)『出来た』と父親に嘘をついてしまった」、「母親(継母のこと：引用者註)が保護者会に出て、父親に試験結果を知られるのが嫌だった」、「日頃から父親を殺そうと思っていた」とも語った。

Dはまた、「(継母は)何でも(父親に)告げ口をするので恨みがあった」、「家が灰になってすっきりした」と述べた。

一方、Dが、父親と同じ医師を目指して、関西有数の進学校に通学していたことも、明らかになった。近所の女性によると、父親はDに、いつも「勉強、勉強」と言っていた。Dに、父親が付きっきりで勉強を教えることもあった。加えて、Dが口答えをすると、平手打ちがとぶこともあったという。

留置場でDは、「勉強しなくていいので快適」、「検事さん、ゲームしてもいいですか」と話した――。

最後の「検事さん、ゲームしてもいいですか」というDの言葉は、当初、Dが反省をしていない傍証として、報道されていた。しかし、後に述べるように、この言葉は必ずしも、Dが反省していないことを物語るものではないことが、家庭裁判所の決定要旨により明らかになっている。

それはそれとして、Dと父親および継母との間に、いったいどんな確執があったのだろうか。続けて、当時の中日新聞（二〇〇六年六月二四日〜二六日）の報道を追っていこう。

❖ 少年の生育史

少年Dの父親は、奈良県田原本町に店を構える、大きな商家の長男として生まれた。薬局を営む厳格な母の意向で医師の道に進み、現在は泌尿器科の勤務医をしている。前妻との間に、Dと妹をもうけたが、事件の九年前（Dが小学校に上がる前）に離婚した。父親はDを引き取り、Dの実母は妹を連れて県外へ移り住んだ。

その後まもなく、父親は、職場で知りあった女性医師と再婚した。この女性医師が、今回の事件で死亡した、Dの継母である。父親と継母との間には、男児（事件当時七歳）と女児（同五歳）が生まれたが、二人とも今回の事件で死亡した。

小学校時代を知る友人によると、Dは「必死で受験勉強をして」、中高一貫校に合格した。

なお、小学校の卒業文集には、「僕の将来の夢は医者になることです」という、Dの言葉が残っている。

しかし、Dの成績は、中学では思うように伸びなかった。Dは、「成績が下がると（父親が）すぐ殴る」、「漫画やゲームも好きだったけど、父親にやめさせられた」と、小学校以来の友人に打ち明けた。他方、継母は、Dの成績や帰宅時間を、細かく父親に伝えていた。

やがて、Dの生活は、家と高校・書店・塾だけを行き来する毎日となり、高校が「唯一の息抜きの場」だった——。

ここまでみてくるだけで、Dと父親および継母との間に、何があったかがわかってくる。第一に、Dの父親は、自らがされたであろうように、Dを従わせるため、暴力を用いていた。第二に、継母はその方針に従属し、父親に「告げ口」をしていた。第三に、Dは、そのような父親と継母の振る舞いに対して、逆らうことが出来ないでいた。要するに、第一章でみてきた、板橋事件における虐待と、相似形のように映るのである。だが、即断することは避け、続けて事件に前駆する状況までの報道をみていこう。

「あの子は高校へ進んでから、祖父母の家に泊まることが多かった。『駅に近くて通学に便利だから』と話していたが、本当は家の中で居場所がなかったんじゃないか」と、D宅近くの商店主は語っている。また、事件の数日前には、祖父母の家の玄関先で、うつむき座り込んでいたDの姿が、近所の女性により目撃されている――。

祖父母宅とは、いうまでもなく、父親の両親が暮らす家のことだ。商店主が話している通り、Dは実家に居場所を持たず、祖父母宅に泊まっていたのかもしれない。だが、そこもまた、Dの居場所というわけではなかったことは明白だ。「玄関先で、うつむき座り込んでいたDの姿」は、その証左である。けだし、祖父母宅とは、父親を医師の道に進ませるための原動力であった、「厳格な」祖母の住む家であることに鑑みるなら、それも当然といえよう。

❖ 再び放火事件について

ここで、放火へと至る状況を、同じ新聞報道に基づいて、再確認しておくことにする。

事件前日（父親が在宅していた日）に、Dは放火をしようとしたが、寝坊をして出来なかった。ちなみに、事件当日、父親がいなかったのは、「たまたま」だったという。「この日に決行しなければ、成績がばれてしまう」と考えたと、Dは説明している――。

単純に考えるなら、次のような説明が、もっともらしさを伴って、浮上することになる。父親による暴力的な勉強の強要に対し、Dは放火で反撃しようとした。しかし、「たまたま」父親は不在だった。それでも放火したのは、Dが有する障害の特性ゆえに、いったん決めたことがらを変更するのが、難しかったからだ。

だが、板橋事件の場合がそうであったように、あまりにも単純すぎる説明は、疑ってかかったほうがいい。少なくとも、以下のような報道（二〇〇六年七月九日『中日新聞』）が、疑問として残るからだ。

それは、逮捕されたDが持ち出していたという、写真についての報道である。その写真には、父親とDの二人が写っていた。「昔の楽しかった頃の家族全員の写真が一番良かったが、手近になかったから」と、Dは話している。

父親に対する憎悪と反撃だけでは、この事実を説明することが困難だ。では、現在の父親とは異なり、過去の父親は、Dに優しかったということなのだろうか。私は、それも違うと思う。Dにとって本当に必要だったのは、あくまで昔の「家族全員」の写真だったのである。そこには、Dを受けとめてくれるはずの実母がいる。つまり、Dにとって「一番良かった」のは、実母の入っている写真だったということだ。

その実母の写真が「手近になかった」とき、Dが持ち出したのは、先述のように、父親とDの写真だった。言い換えるなら、継母とDの写真ではなかった。Dは、あえて継母の入った写真を選ぼうとしなかったのか。それとも、やはり単に「手近になかった」という理由から、継母の写真を持ち出さなかったに過ぎないのか。

仮に継母の写真が「手近になかった」として、それならば誰の写真も持ち出さないという選択肢も、ありえたはずだ。にもかかわらず、父親の入った写真を持ち出している。つまり、Dにとって継母は、暴力を振るう父親以下の存在だったのである。

もちろん、「父親以下」とは、継母の振る舞いが、父親以下だったという意味ではない。また、Dが、父親よりも継母を憎んでいたと言いたいわけでもない。そうではなく、Dと継母との関係が、切れていたと言いたいのだ。

そのように考えない限り、父親が不在であるにもかかわらず、継母とその子どもを結果的に焼死させた理由を、指摘することは不可能だ。ちなみに、Dが広汎性発達障害を有していたがゆえに、放火の予定を変更することが出来なかったという解釈は、せいぜい半分までしか正しいとはいえない。

なぜなら、この障害を有する人は、確かに予定の変更が不得手である一方で、予想外の事実に直面したときには、混乱のあまり当初の予定を実行できなくなる場合が、しばしば見られるからだ。つまり、予定を器用に変更することが出来ないのは確かだが、うろたえて結果的に予定を実行できないまま終わることは、少なくないのである。もし、Dと母親との間に究極的な関係の貧困が横たわっていなかったなら、混乱ゆえに放火を貫徹できなかった可能性は、十分にありえたと考えていい。

父親の手記

父親の話に戻ろう。Dの父親は、果たしてDを医師にしたいという目的だけのために、暴力を振るっていたのだろうか。

父親は、逮捕後のDと面会したときのやりとりを、手記にまとめている。その内容を、二〇〇六年八月二日の中日新聞に記されている範囲で、以下に抜き出してみる。

弁護士によると、父親は、「Dが反省していない」という報道を確かめるために、面会に行ったという。Dは、すぐに直立して「ごめんなさい」と謝った。そして、父親が「暴力を振るって悪かった。ずっとパパに監視されて辛かったやろ」、「一緒に罪を背負っていくつもりや」と語りかけると、Dは泣きながら謝罪したという。

こうしたやりとりについて、父親は、「捕まった後は何をしても一緒と、望みを絶っていたのかもしれないが、しっかり反省していた」と、印象を記している――。

まず、反省しているか否かを確かめるために面会するという発想には、唖然とするばかりだ。もっとも、裁判の展開上、「しっかり反省していた」という結論が、とにかく必要であったため、誰かの助言ないし指示にしたがって、父親は行動しただけかもしれない。

そうだとしても、この期《ご》に及んでなお、父親はDを支配しようとしているという感想を、禁じえない。換言するなら、父親は単にDを医師にしたかったから暴力を用いて支配してきたのではなく、支配自体が目的だったと考えざるをえないのである。敷衍するなら、父親は、Dの実母に対しても、またDの継母にも、力を用いた支配を、続けてきたにちがいないとさえ思える。

父親が、本当にこれからの半生をかけて謝罪したいなら、一人でそうすればいい。しかし、Dに対してまで、謝罪しつづける一生をおくれと言う資格は、父親にはないはずだ。それなのに、「一緒に」償うことが当然だと、父親は考えている。

前章で検討した、伊豆の国市タリウム事件の父親と、比較してみればよい。タリウム事件の父親は、わが子に対して「受け入れてあげるよ」と語りかけている。どこか綺麗事という感を免れないにしても、である。それに対し、Dの父親は、「一緒に罪を背負っていく」ことを強要している。逆に言うなら、重大事件を引き起こした後でさえ、Dは父親の呪縛に、からめとられたままなのである。

✥ 奈良家裁の決定(1)

このような父親の姿勢を、奈良家庭裁判所は、正しく見抜いていたようだ。二〇〇六年一〇月二六日に発表された家裁決定要旨を、以下に順次、検討していこう。

決定要旨は、まず、殺意に関して、Dが「ほぼ一貫して、継母らを積極的に殺害する意図はなかったと供述する一方、放火することにより継母らが避難できずに焼け死ぬ可能性があるものの、継母らが死亡することもやむをえないと考えていた旨、供述している」ことなどから、確定的殺意ではなく、未必（そうなっても仕方がないという意味）の殺意があったと認定した。

関連して決定要旨は、「継母について、自分をかばってくれないことや、実父から尋ねられると少年のことを何でも話してしまうことなどに不満を感じていたが、このような不満は誰もが感じる程度のものであり、これだけでは継母を殺害する動機として不十分であることも明らか」と述べている。

おそらく、法曹家による文書としては、ほぼ妥当な内容なのだろう。ただ、Dが実母を求めつつも、それが実際には不可能な中で、継母との関係が切れていたことに言及していない点は、法曹家による文書の限界というべきかもしれない。継母との関係が切れていたことと、事件が未必の殺意によることとは矛盾しないと、私には思えるからだ。

少なくとも、自らが暮らす家さえもがDの「居場所」ではなかったことに鑑みるなら、Dにとって継母との関係は「誰もが感じる程度のもの」ではなく、何も感じることが出来ないほどにまでに追いつめられた、関係の貧困というべき状態にあったと、考えざるをえないのである。

✧ 奈良家裁の決定(2)

続いて家裁決定は、Dの思考や行動に不可解な点があること、精神鑑定が特定不能の広汎性発達障害と診断していることを記した上で、「本件非行の理解」という項目を設けている。その結論は、以下の通りだ。

「少年は、健全な情緒の発達が阻害されているため、継母や異母弟妹との情緒的なつながりも希薄であったことが、継母らの死亡をあっさりと認容することにつながった」

「少年は、幼少期における実母との離別と実父による支配的養育態度という環境の下で、情緒の健全な発達が阻害された状態で成長し、不快な感情は無理やり意識下に抑え込んだりして、自身の心的安定を図ろうとする防衛機制と、思考の視野が狭く社会常識に欠け一つのことに固執する傾向があり、追いつめられた状態になると周囲の状況が見えなくなって、自分の考えを短絡的に実行してしまうといった性格特性が形成されてきたものであるが、加齢に伴う自意識の高まりや実父に対する反発の強まりによって、それまでのような表面的な安定を維持し難くなっていたところ、高校入学後の最初の定期試験で平均点を大幅に下回る点数しか取れなかったという、少年にとって誠に危機的な状況に陥ったことから、遂に不快な感情を抑えつけることが出来なくなり、実父に叱られずに済む方法として、『実父を殺害して家出をする』ことを決意した」

「実行する場面では、広汎性発達障害という少年の生来の特質による影響が強く現れ、放火という殺害手段を選択したり、殺害する相手がいないという現実に合わせて計画を変更できなかったり、継母らの生命の危険に十分注意が及ばなかったり、放火が犯罪であるということに全く注意を向けなかったり……（中略）……してしまったものである」

いくつかの心理学用語が不正確に使われている点はさておくとして、このあたりも、ほぼ妥当な内容だと思える。まず、「継母や異母弟妹との情緒的なつながりも希薄であったこと」という表現によって、継母との間の関係の貧困に関する指摘の不十分さを、ここで補っている。次に、「実母との離別と実父による支配的養育態度」が、「情緒の健全な発達が阻害された状態」の理由だと考えている。言い換えるなら、広汎性発達障害が理由だとは、考えていない。他方、広汎性発達障害に関しては、もっぱら事件の形式面に影響を与えたと、考えていることがわかる。

なお、本章の冒頭部分で触れた「検事さん、ゲームしてもいいですか」というＤの言葉については、次のように説明されている。

「少年がゲームを申し出た経緯は、調書を作成中に少年の視線が気になった警察官が、少年に対し、ゲームの将棋でもしていたらどうだ等と話しかけ、驚いた少年が、そんなことが出来るのかと尋ねると、検察官に許可を求めるよう指示を受けた、というのが真相であるから、かかる経緯を無視して、少年のみを非難するのも的外れというしかない」

これも、公正な判断だといえよう。

このように、家裁決定は、おおむね適切な中味を持っていると考えて、間違いはない。そうであるからこそ、処遇の選択についても、「厳格な規制の下にある刑務所での処遇では、これまでの実父による支配的な養育環境と相似形となるおそれがあり、少年の情緒の涵養は望めない」という理由を挙げ、検送ではなく、少年院への送致を決定することが出来たのである。

父親の第二の手記(1)

家裁決定は、Dの父親についても記している。その部分を引用しておこう。

「実父は、少年に対し、小学校入学前から本件非行の直前まで、日常的・継続的に長時間の勉強を強要し、暴力を加えていたが、その理由について、実父は、少年の将来のため、少年が進学校の中で落ちこぼれないためであった等と説明するが、他方で、仕事上や家庭生活上のストレス解消という面があったことも自認しており、実父が抱える問題性は大きい。……(中略)……今後、実父と少年との関係改善にも相応の期間を要することが予想される」

よく踏み込んで書いていると思う。第一に、父親が抱える「問題性」は、単に勉強の強要ではなく、支配という形でしか対人関係を維持できない点にあること。第二に、Dだけでなく、父親の根底的な変化がない限り、Dとの「関係改善」はありえないこと。要するに、「一緒に」罪を背負っていくといった、父親のいい気な考えを、一蹴しているということだ。

では、家裁の決定が下された時点で、肝腎の父親は、どう考えているのか。決定の翌日（二〇〇六年一〇月二七日）の中日新聞は、父親が弁護士を通じ、次のような手記を公表したと報じている。

「長男のしたことは決して許されることではありませんが、その原因をつくり追いつめたのは、紛れもなく私です。大人の都合で幼少時より複雑な家庭環境に置き、いい成績をとり、いい大学に入って医者になることが幸せにつながるという価値観を、暴力に訴えてまで押し付け、知らず知らずのうちに精神的な極限状態に、追い込んでしまいました。そのことで妻や、二男、長女は命を失い、長男も罪を償うことになり、今までの人生で築き上げた何もかも失ってしまいました」

「長男も深く反省しています。鑑別所で面会を終えて帰るとき、握手を求め『また面会に来てほしい』と言い、審判で『一緒に生活してもいい』と言ってくれたことが、せめてもの救いです」

「父子関係の本来の在り方を一生懸命学び、長男の更生に今後の人生をささげ、二人で死ぬまで罪を背負って生きていくことが、三人に対する唯一の償いだと思います」

✧ 父親の第二の手記(2)

やはり、Dの父親は何も解っていない、というしかない。

「大人の都合で幼少時より複雑な家庭環境に置き」という点は、その通りだろう。しかし、「いい成績をとり、いい大学に入って医者になることが幸せにつながるという価値観」だけが、暴力の理由ではない。父親が、自身の生育史に規定されて、支配−被支配という形でしか、関係をつくりえないことこそが、本当の理由なのだ。

また、すでに述べたように、父親が「長男の更生に今後の人生をささげ」たければ、一人でそうすればいい。しかし、「二人で死ぬまで罪を背負って」というくだりを読むと、これ以上Dを支配しないでくれと、叫びたくなる。

父親と「二人で」罪を背負っていては、永遠にDは自らの人生を歩むことが出来ないだろう。罪を背負う以前に、Dは観念の上で、はっきりと父親を殺すことが不可欠だ。

先に私は、Dをめぐる状況が、第一章でみてきた板橋事件の少年をめぐる状況と、相似形のように映ると述べつつも、即断することを避けてきた。いまなら、決定的な違いを、一つだけ指摘することが可能だ。

それは、Dが父親を殺そうとして、失敗しているということだ。現実的に失敗したという以上に、観念において殺すことに失敗しているのである。「また面会に来てほしい」、「一緒に生活してもいい」というDの言葉が、父親に対する単なる外形的な配慮ではないとすれば、それらは観念上の父親殺害に失敗していることの反映だと、考えるしかない。

そこから翻って考えてみると、父親が不在であるとわかっていながら、Dが放火に及んだ理由が浮かび上がってくる。Dが父親を殺すことは、初めから不可能だったのだ。

板橋事件においては、狭窄が生じるほどの虐待状況に置かれていた少年が、その狭窄すらも維持できなくなるほど混乱を極めた父親の言動により、それまで隠されていた怒りと攻撃を露出させて父親殺害へと至った。しかし、同じく虐待状況に置かれていたDは、一貫して支配を続ける父親の存在により、父親への怒りと攻撃性を封印されたままだった。これでは、攻撃性の向かう先が、父親から逸《そ》れていくのも無理はない。こうして攻撃性が逸れていった結果、関係が切れていた継母（とその二人の子ども）のみが、犠牲になったのである。

繰り返し指摘してきたように、今になっても父親はDへの支配を続け、また、Dは依然として支配されたままである。もし、父親が真にDを救いたいのなら、「二人で」罪を背負うのではなく、父親が観念の上で自壊していくことが先決だ。そうすることによってはじめて、Dは父親の呪縛から脱し、観念上の父親殺害へと出立《しゅったつ》することが出来るようになるのである。

◇調書漏示事件

さて、家裁決定から一年近くが経ち、この事件は奇妙な展開を見せた。事件を題材にした草薙厚子の暴露本（『僕はパパを殺すことに決めた』講談社）に、Dの供述調書が大量に引用されているとして、精神鑑定医が、強制捜査の結果、秘密漏示容疑で逮捕されたのだ。本章の最後にあたり、この問題について、簡単に触れておくことにする。

ジャーナリズムの側の反応は、概して同容疑での捜索や逮捕に、批判的だ。たとえば、毎日新聞（二〇〇七年九月一五日）の社説は、「強制捜査まで必要なのか」と、疑問を表明している。また、産経新聞（二〇〇七年九月一五日）は、「強制捜査は、捜査当局などの自分たちだけが知っていればいいという考えに立ったもので、権力をかさに着た横暴なやり方だ」というジャーナリストの批判を、掲載している。さらに、テレビ朝日の『サンデープロジェクト』（二〇〇八年八月二四日）も、国家による介入だとして、逮捕を批判していた。

メディアの姿勢としては、当然、こういう対応になるだろう。出版に対し、ひとたび国家による介入を認めたならば、自分で自分の首を締める結果に陥ることは、火を見るより明らかだからだ。

もちろん、そのことと、『僕はパパを殺すことに決めた』が優れた本であるかどうかは、まったく別次元に属する。この本の大半は、供述調書からの引用で占められている。供述調書とは、警察員や検察官が取り調べた結果を、彼ら自身がまとめて書いたものだ。つまり、たとえ少年や関係者の肉声のように書かれていても、調書はあくまで警察員や検察官の言葉に翻訳されたストーリーなのである。警察や検察のストーリーをそのまま垂れ流しているという一点に限っても、この本はジャーナリズム失格といわざるをえない。

つまり、たとえ捜査当局のストーリーを垂れ流すだけの酷い本であったとしても、国家による強制捜査や逮捕を認めるわけにはいかないという点に、現下の困難が横たわっているのである。

ところで、弁護士と同じく医師も、職業上知りえた秘密を漏らすことは許されていない。それは、法律に定められているという以上に、倫理の問題だ。仮に、精神鑑定に携わる医師が秘密を漏示するとわかっていたなら、誰しもが本当のことを話そうと思わなくなるだろう。それでは鑑定医としての仕事が成立しない。倫理とはそういう意味だ。

では、社会に対して精神鑑定医は、ただ口を閉ざしていればいいのだろうか。そういうわけにはいかないと、私は思う。個別の事件には、人々にとって普遍性を帯びていると考えられる部分が、必ず含まれている。個人の匿名性を考慮した上で、普遍的な部分を開示する方法が、確立されなければならない。

第七章　会津若松事件と八戸事件――子棄ての構造

✧ 会津若松事件

前々章に記した伊豆の国市タリウム事件の父親は、わが子に対し、曲がりなりにも「受け入れてあげるよ」と、語りかけていた。一方、前章における奈良医師宅放火事件の父親は、事件後に及んでも、わが子への支配をやめようとしていなかった。

その後、父親による支配を、はるかに通りこした少年事件が起こった。父親が一方的に、わが子に対する関係を遮断したとしか考えられない事件が、生起したのだ。会津若松事件がそれである。

事件の概略は、次の通りだ。

二〇〇七年五月一五日午前七時頃、福島県警会津若松署に、同県会津若松市に住む県立高校三年生の少年E（一七歳）が、「母親を殺した」と、切断された人間の頭部を持って、自首してきた。署員がEのアパートを調べたところ、頭部のない母親（四七歳）とみられる遺体を発見。同署は、殺人容疑でEを逮捕した。

Eは、高校に通うため、アパートに弟と二人で暮らしており、そこへ母親が時々、県西部の町にある実家から訪れていた。母親は町立保育所に勤める保育士。父親は農協職員（二〇〇七年五月一五日『中日新聞』夕刊）。

母親は頭に加え、右腕も切断されていたことが一六日、わかった。切断されていた腕は、白色の塗料で着色された上、室内にあった観賞用の植木鉢に刺されていたという（二〇〇七年五月一六日『朝日新聞』）。

Eは、下宿先のアパートで母親を殺害した後、自転車で近くのカラオケ店に立ち寄っていた疑いが強いことが一九日、わかった。Eは、その後、インターネットカフェに移ったとみられ、タクシーを呼んで会津若松署に自首、事件が発覚した（二〇〇七年五月二〇日『東京新聞』）。

母親とEとの間の関係が、切れていたのではないか。そういう考えが、まず私たちの頭をよぎる。つまり、究極の関係の貧困ともいうべき状況が生じていたと、考えざるをえない。そうでなければ、遺体を切断し、植木鉢に刺すことは出来ないだろうからだ。切断された右腕が、オブジェと同列にまで押し下げられていない限り、植木鉢に刺すことは不可能だ。

では、その背景には、どのような事情が横たわっていたのだろうか。続けて、新聞報道を読んでいこう。

✧ 会津若松事件の背景

Eが通う高校によると、Eは二年生の後半から休みがちになり、事件前年の四月一六日からは頭痛などを理由に、欠席が続いていた。五月になって、精神科にもかかっており、母親は学校関係者に「様子を見てほしい」と話していたという（二〇〇七年五月一六日『朝日新聞』）。

事件に先立つ四月中旬、Eは親しい友人に「同級生から嫌がらせされていて、学校に行きたくない」と、悩みを打ち明けていたことがわかった。犯行現場になったアパートに友人を呼び出したとき、「親には相談できない」と漏らしたという。

福島県教育委員会は、Eの通っていた高校が、事件前年の一一月、いじめのアンケートを実施していたことを公表。記名式で、Eに対するいじめの記述はなく、E本人も「いじめはない」と、回答していたという。

Eは、三人兄弟の長男。中学生時代は文武両道の優等生で、ノルディックスキーでは県トップレベルだった。

母親は教育熱心だったとされ、自宅から息子たちが住むアパートへ、頻繁に訪れていた。その母親から事件直前の五月七日、「(Eは)病院で診察を受けた。『学校に行くようにといったことを話して刺激を与えないように』と言われた。一〇日にまた病院へ行く」と、学校へ電話があった。それが最後の連絡になったという。

Eが調べに対し、「悪かった」と母親への謝罪を口にする一方、同居していた弟への不満を漏らしていることがわかった。弟について、Eは二人暮らしをするうち、家事の負担などをめぐりトラブルになることもあったと供述。弟は別の県立高校に通学、部活動にも参加していた(二〇〇七年五月三〇日『東京新聞』)。

Eに対するいじめがあったことを、親しい友人以外の誰もが気づいていない。母親もまた、それを知らない。このあたりは、伊豆の国市タリウム事件と、同じ構図だといえる。しかし、伊豆の国市の少女とは異なり、Eは不登校という手段で、学校からの避難を選択していた。

それにしても、せっかく避難したのに、なぜEは実家へ帰らず、弟と一緒のアパートにいたのか。また、なぜ母親は、Eを実家へ呼び寄せることなく、病院を受診させたのだろうか。

すぐに思い浮かぶのは、実家にEの居場所がなかった可能性だ。「文武両道の優等生」であるEならば受け入れるが、そうでないEは受け入れられない。だから、Eは実家へ帰ることが出来ず、代わりに母親がアパートを訪れ、病院へ連れていった。母親の目的は、Eを学校へ行かせることだった。換言するなら、「学校に行くようにといったことを話して刺激を与えないように」という医師からの助言は、あくまでEを再登校へ導くための布石としてしかとらえられていなかったのではないか。

⚘ Eの父親

再登校を目指す必要などない。危険な学校へ、大事なわが子を行かせるわけにはいかないから、実家でゆっくり休めばいい。いじめの事実を知っていたなら、そう母親は振る舞っていたかもしれない。しかし、子どもが大人に対して、いじめの事実を打ち明ける場合は、残念ながら多くはない。いじめられる方も悪いといった誤った考えを、しばしば刷り込まれているからだ。

しかし、Eは、友人にはいじめの事実を打ち明けている。だとすると、いじめられていることを母親に打ち明けなかったのは、いじめられる自分も悪いといった、誤った考えに基づくものではなかったことになる。では、打ち明けなかった理由は何か。打ち明けても、母親は理解してくれないと、Eが感じていたからではないか。さらに言うなら、母親の背後に隠れて見えにくいが、父親が、「文武両道の優等生」ではなくなったEを、受け入れようとしていなかったからではないだろうか。

Eが自首した後、父親は、取材自粛を求める要望書を、県警を通じて報道各社に提出している。

東京新聞（二〇〇七年五月一八日）によれば、「被害者の夫より」と題された要望書は、まず「近所の方々や世間の皆さまに、ご迷惑を掛けたことを、深くお詫び申し上げます」とした上で、「家族は事件そのものによる戸惑いと悲しみで深く悩み、マスコミの方々の報道で深く傷ついている」と、心境を説明しているという。そして、「息子の学校に大変なご迷惑を掛けていることも大きな悩み」と続ける。さらに、「私の子どもたちも、今は呆然としている状態」などとし、告別式のほか、家族や、生徒が通う高校、実家周辺などの取材を「ご遠慮いただきたい」と、要請しているという――。

報道の通りであるなら、何ともいえない違和感が残る。もちろん、誰かの指示があって、父親は要望書を出したのかもしれない。また、報道された部分以外に、大事な記述が残っているのかもしれない。

そうだとしても、「被害者の夫より」とはどういうことなのだろうか。「被害者の夫」であると同時に、父親は、まぎれもなく加害者の父親であるはずだ。それなのに、片方の役割のみに自らを重ね、あくまで安全圏にとどまろうとしている。

また、「私の子どもたち」とは誰のことなのか。Eの弟たちだけが、「子どもたち」ではない。

いうまでもなく、Eもまた、父親の子どもであるはずだ。にもかかわらず、父親は、EとE以外の子どもたちを、ことさら区別している。それは、Eが引き起こした犯行ゆえにではない。Eが「文武両道の優等生」ではなくなったからだ。そう考えない限り、自首直後の段階で、このような冷たい言葉が吐けるわけがない。

さらに、「近所」と「世間」と「学校」に、真っ先に謝罪しているのは何故なのか。べつに、「近所」も「世間」も「学校」も、直接的な被害を受けたわけではないにもかかわらず、である。その理由は一つしか、考えられない。もともと父親の眼が、Eにではなく、「近所」と「世間」と「学校」にしか向いていないという理由だ。

こう考えてくると、実家からアパートへ足繁く訪れていた、母親の目的が改めてわかってくる。母親は、父親の意向を携えて、アパートを訪問していたのだ。「文武両道の優等生」として学校へ戻るように、という意向である。その結果、父親がEに対する関係を遮断していたのと相即的に、父親の意向を携えた母親との関係を、Eは遮断することになった。つまり、究極の関係の貧困が生じたのである。こうして、母親はオブジェを切り出す材料にまで、押し下げられてしまった。

✧ 家裁会津若松支部の決定(1)

福島家庭裁判所会津若松支部は、この事件について、以下のような決定を下した。決定要旨から直接、主要部分を引用してみよう（読点の位置などを変更し、読みやすくしてある）。

「主たる動機は、少年の中で従前より育まれ、本件犯行の直前に飛躍的に高まった、その殺人・解体願望を、少年が実現しようとしたことである。二度の精神鑑定が指摘する少年の特質・障害のいずれも、一般的には責任能力に減弱をもたらさないと考えられている。……（中略）……非行当時、少年は完全責任能力を有していたと認められる」

「少年には、比較的軽度な、ある種の精神障害が認められる。少年には、上記障害により、高い知能水準に比しての内面の未成熟、限局された興味へこだわる傾向、情性の希薄さ、他者への共感性の乏しさなどの特質があり、対人技術に乏しく、周囲への対処方法が分からず混乱したり、時として自分の劣等感を刺激され不満等を覚え、これを蓄積する傾向がある。少年には、視覚刺激に対する興奮性反応の高さも認められる」

「少年は、中学二、三年生ころ、他者と距離を置き、表面的な反応で周囲からの刺激を回避できるようになり、問題性改善の機会を、ますます失った。……（中略）……高校進学による環境変化の中で、その対人技術の不全などから友人を作ることに挫折した上、自己評価を低めていき、不満や寂しさなどを発散する場として、ますます、殺人・解体の空想に傾倒し……（中略）……最終的に不登校になった」

「被害者遺族らの応報感情は強くない。本件非行に対する責任非難の多くは、少年の人格に向けられるべきであるが、少年の精神障害抜きに本件非行は生じなかったもので、少年の責任非難は、一定の限度で軽減されなければならない。……（中略）……まずは、医療少年院に送致するのが相当である。当該目的を達成した後は、少年に対し一対一での徹底した指導を、相当長期間継続する必要性から、少年を特別少年院に移送するのが相当である」

家裁会津若松支部の決定(2)

案の定というべきか、家裁会津若松支部の決定は、Eの責任能力と非難可能性に終始している。それにしても、Eの「問題性」とは、いったい何を指しているのか。決定内容を忠実にたどる限り、それはEの「人格」と「障害」の二つだということになる。そして、その二つは、「対人技術」の不全へ収斂していく。

こうして、家裁決定は、友人を作ることの挫折と不登校を、「問題性」の現れだと指摘するに至る。だが、果たしてそうだろうか。

Eには、いじめの事実を打ち明けられる友人が、いたのではなかったのか。また、不登校は、いじめの渦巻く学校からの、緊急避難を意味していたのではなかったのか。つまり、「問題性」は、E自身というよりは、Eと家族および学校との間に、関係の貧困が生じていたという点にこそ、あったのではないか。

次のように、言い換えることも出来る。Ｅの「ある種の精神障害」は、猟奇的に映る事件の形式面にのみ、影響を与えていた。しかし、事件へと至る動因を形成していたのは、Ｅの不登校を擁護することが出来なかった、関係の貧困だった。その意味をとらえられず、「対人技術」の不全を指摘することに終始したという点で、家裁決定もまた、関係の貧困に加担したというべきではないか。

付記するなら、家裁決定が「被害者遺族らの応報感情は強くない」と、ことさら記している箇所を読むと、私の中に違和感が生じてくる。これでは「被害者の夫より」と記した父親と、まったく同じではないか。「被害者遺族」が加害者の家族でもあることは、いうまでもない。その家族が強い応報感情を持っていたなら、その家族は解体している家族以外のものではありえない。否、たとえ弱い応報感情であったとしても、それを持つ家族は解体していると言わざるをえない。その意味では、家庭内にＥの帰る場所はないと、家裁は宣告したに等しいとさえいえる。

これらの違和感がぬぐえなかった私は、共同通信の取材に応じて、以下のようにコメントした。

「医療少年院送致という決定自体はいいが、精神障害を問題にするだけで、母親や学校との関係に触れていない。……（中略）……議論が応報感情や責任非難に終始している。少年は不登校によって、自分を維持しようとしていた。学校や母親が、そういう生き方を認めなかったのではないかと、疑念が残る。今後、本人のケアは行なわれるが、少年とのつながりの修復など、家族のケアに力を入れることも重要だ」（『福島民報』二〇〇八年二月二七日）

言っておくべき最低限の中味は、このコメントに込めることが出来たと思う。

✧ 八戸事件

ところで、ある意味では会津若松事件を上回る構造を持った事件が、二〇〇八年に起こった。それが、八戸事件である。新聞報道によると、その概略は次の通りだ。

青森県八戸市でアパート一室が焼け、首などに切り傷がある三人の遺体が見つかった事件で、青森県警は、三人をこの部屋に住む母子と確認。行方不明だった長男F（一八歳）をJR八戸駅で発見、ナイフを振り回し抵抗したため逮捕した。Fはナイフを八本、所持していた。調べでは、遺体は部屋に住む母親と、中学生の二男、長女（二〇〇八年一月一一日『福島民報』）。

Fは、殺害について、「母が交際していた男性のことなどをめぐり、事件前に喧嘩になった」と漏らしているという。また、Fは、一〇年以上前に母親と離婚した実父を慕っており、交際相手の男性と仲良くする母親と長女にも、不快感を示していたとされている。加えて、Fは殺害後、母親の腹を切り裂き人形を埋めたが、「儀式などではない、重要な意味はなかった」などと説明（二〇〇八年二月二日『河北新報』）。

事件後、家族関係についても、少しずつ報道がなされはじめた。

Ｆの父親は、右派の政治団体の八戸支部長を務めていた。Ｆが小学校のとき、父親は恐喝未遂事件で逮捕された。この事件をきっかけに、「話し相手がいなくなり、不登校になっていった」と父親は話す。一方、近所の人は「Ｆはいじめを受けていた」と述べる。

Ｆの母親は、生活を支えるため飲食店でアルバイトを始め、店で深酒をすることが続いた。数ヶ月後、母親は「もう育てられない」として、Ｆ・二男・長女の三人を児童養護施設に預けた。その間、Ｆの両親は離婚した。母親は生活保護を受けるようになり、子ども三人は、約三年ぶりに母親のもとに戻った。

Ｆが中学三年生の頃、母親は実家の敷地内でスナックを営んでいた。そこでＦが、客と喧嘩をした。Ｆはアパートの部屋にこもり、「火をつけるぞ」と叫んだため、精神科病院へ入院させられた。

半年後、Ｆは退院し、父親の露天商の仕事を手伝い、明るさを取り戻した。父親は、「朝日新聞さんとは思想がちょっと違いますが、息子は民族運動に多少の興味が出ていました。皇室に興味を持ったり、私に質問したりしました」と話している。ところが、父親は、またもや恐喝未遂事件で逮捕された。Fは一週間、一人で暮らした後、母親と弟が住むアパートへ戻った。しかし、母親には、別の交際相手がいた。交際相手の男性は、頻繁にF宅を訪れた。二男と長女は男性と仲が良かったが、Fは違った。Fは「男性を家に入れるなと頼んだのに、聞き入れてもらえなかった」と述べ、引きこもるようになった。事件の三ヶ月前には、酒に酔った母親が八戸署を訪れ、「Fと口論になって殴られた」と相談している。

父親は事件の二ヶ月前に出所したが、まもなく市内の病院へ入院。事件の四日前に、Fは父親の見舞いに訪れている（二〇〇八年二月六日『朝日新聞』）。

どう考えるべきか

Fは、母親から少なくとも三度にわたって、棄てられている。児童養護施設への入所と、精神科病院への入院、そして母親が交際相手を自宅へ招き入れることによってだ。一方、父親からも、少なくとも二度にわたって、棄てられている。恐喝未遂事件による逮捕に続く離婚、そして同じく恐喝未遂事件による刑期を終えてからの父親自身の入院だ。序章に記した、永山則夫の場合に匹敵するといっても、過言ではない。

もっとも、母親に比べると、父親は自らが逮捕されることにより、Fから引き離されただけだから、棄てたのではないと思われるかもしれない。しかし、「民族運動」を標榜しながら、それとはあまりにも落差の激しい恐喝事件（病院長を恐喝したといわれている）による逮捕は、とてもFの理解しうるところではなかっただろう。仮に、民族運動や皇室にFが興味を持ち始めたという父親の言葉が、多少なりとも事実であるとするなら、それは落差を埋めようとする、Fなりの懸命の努力だったのだろう。しかし、その努力さえをも、父親は裏切ったのである。

それにもかかわらず、Fは父親を慕っている。何故だろうか。

まず、両親の離婚は、Fにとっては、母親が父親を追い出した結果として映った。次に、父親の入院は、母親が父親を死の淵にまで追い込んだ結果に見えた。換言するなら、Fが父親を（観念の上で）殺害する前に、母親が父親を事実上、殺害してしまったのである。つまり、第二章に記した、大阪姉妹刺殺事件のYが経験した少年期と、同じ状況が生じていたのだ。

こうして、父親の理想化と母親に対する憎悪が、同時に生じた。これが、八戸事件の本質だった。

ちなみに、Fが母親の腹部に詰め込んだ人形は、かつてFが妹（長女）にプレゼントした、オルゴール付きのものだったという。猟奇的というなら、その通りかもしれない。しかし、人形をFの分身と考えるなら、それを母親の腹部に入れることによって、Fは自らの再生を願ったのではないだろうか。

◇青森家裁の決定

八戸事件に対する青森家庭裁判所の決定は、以下のような内容だった（原文から直接、読点の位置を変更して引用する）。

「捜査段階において検察官の嘱託により実施された精神鑑定は、少年は、パーソナリティ障害を有しており、本件当時、適応障害、離人・現実感喪失を呈した状態で、是非弁識能力（善悪を判断する能力：引用者註）および行動制御能力が一定程度障害されていたが、著しく障害されていたものではないと結論づけている。この鑑定は……（中略）……信用性が高いものと認められる」

「裁判所の委嘱により実施された精神鑑定は、少年は、幻覚・妄想および情動興奮を伴う特定不能の精神病性障害に罹患しており、その程度は重度で、本件当時、是非弁別能力（是非弁識能力と同じ：引用者註）および行動制御能力は、完全に失われていたと結論づけている。この鑑定は……（中略）……採用することが出来ない」

「三名の被害者に対する殺人の各事実は、少年法二〇条二項の、いわゆる原則検察官送致事件に該当する」

「少年は、何らかの資質上の問題を抱えているとみられ、これが、不安定な家庭環境等により増幅された結果、共感性に極めて乏しく自棄的で、衝動的な行動に及びやすいという少年の性格や行動傾向に影響を与え、さらに本件犯行自体や、その後の内省の乏しさ等にも、影響を与えているものと考えられる」

「本件犯行の態様は極めて悪質で、三名の命が奪われた等の結果は、あまりにも重大であり、被害者の遺族らの被害感情も強く、社会に与えた影響も大きいといえ、少年に有利な事情を最大限考慮しても、保護処分によって処遇する限界を超えているといわざるを得ず、刑事処分以外の措置を相当と認めるとき（少年法二〇条二項ただし書）に該当するとは認められない」

第一章でも触れた通り、一六歳以上の少年による殺人や傷害致死などの重大事件については、原則として検送しなければならない。これが少年法二〇条二項である。「ただし書き」とは、この種の事件でも、家庭裁判所の判断により、検送を行なわずに保護処分にすることも出来るという規定だ。この「ただし書き」に「該当するとは認められない」とは、要するに、残虐だから検送しかないと、言っているのである。

また、その根拠の一部を構成している精神鑑定には、何も述べていないに等しい診断名が、羅列されているだけだ。ちなみに、適応障害とは、ストレスによって抑うつや不安が生じたなら、全てそう呼ぶことが出来る、便利な（もちろん皮肉だが）診断名だ。また、離人・現実感喪失とは、自分自身や周囲がそらぞらしく感じられる状態を指すが、それはどんな精神疾患にも付随しうる状態像に過ぎない。さらに、特定不能の精神病性障害という診断に至っては、どのようにも病名をつけることができないが、とにかく精神病だと言いたいときに用いられる（もっとも滅多に用いられないが）、屑篭的診断カテゴリーそのものだ。

ただし、家裁決定の中には、発達障害という診断名は、どこにも記されていない。この点のみに限れば、何か不可解な言動があれば全て発達障害のせいにするといった、昨今の風潮から免れているとはいえよう。しかし、すでに見てきたように、これほど中味のない家裁決定も珍しい。それならば、私たちは、自らの力で考えるしかない。

❖ 会津若松事件と八戸事件の比較

そのために、会津若松事件と八戸事件の比較を、試みることにする。

第一に、会津若松事件の父親は、子どもに対する関係を遮断していた。そして、父親に従属した母親との関係を子どもは遮断し、母親はオブジェを切り出す材料にまで押し下げられていた。一方、八戸事件の父親は、複数回にわたり、子どもを棄てていた。また、母親も複数回にわたって子どもを棄てたが、それは子どもから母親への憎悪をもたらすとともに、父親の理想化を子どもの中に生じさせていた。

どちらも、父親が子どもを棄てたことについては、違いがない。父親は、子どもを棄てることによって、子どもが観念の上で父親を殺害することを、不可能にした。

第二に、会津若松事件の父親は、「被害者の夫」と自らを位置づけることにより、永遠の安全圏に逃げ込んでしまった。それに対し、八戸事件の父親は、一見、ものわかりのよさそうな話をしている。たとえば、次のような話だ。

「本人をここまで追いつめた責任は、自分にある。息子は重い十字架を背負ってしまった。この世にいる最後の肉親として、見放すわけにはいかない」（二〇〇八年一月二二日『デーリー東北』）

だが、こういう話によって、父親は子どもによる理想化を、最大限まで享受しようとしているのではないか。ものわかりがいいどころか、会津若松事件の父親以上に、自らを安全圏に置いていると考えるしかない。

ちなみに、Fの父親が出所後に入院したのは、重い肝障害ゆえだという。顔はむくみ、腹水が溜まっているともいう。あえて冷酷な言い方をするならば、いずれ訪れるであろう父親の死を、Fがどう位置づけるのかが、今後の分水嶺になる。F自身による観念の上での父親殺害が、現実の父親の死を引き寄せたと考えることが出来るのか。それとも、あくまで母親が父親を殺害したととらえ、母親殺害の反復へと至るのか。分水嶺とは、そういう意味だ。

第三に、会津若松事件の母親は、父親の意向にしたがって、子どもを支配しようとしていたことは、すでに見てきた通りだ。八戸事件の母親はどうだったのか。次のような事実が知られている。

八戸事件のFが不登校をしていたころ、民生委員がFを学校へ行かせるため、F宅を毎日、訪問していた。「明日も来る？」「ああ、君が学校に行くまで何年だって来るよ」――これが、Fと民生委員との会話だった。その後、民生委員がF宅を訪れると、母親がいて「学校に行きました」と報告した（二〇〇八年二月六日『朝日新聞』）。

新聞は、民生委員の行為を、美談であるかのように記している。しかし、この民生委員の行為は、まったくの的外れというしかない。母親による一度目の子棄てを経験した直後のFに、登校を強要して何ほどの意義があるのか。否、害悪のほうが大きいのではないか。民生委員は必ず児童委員も兼ねることになっている。児童委員としてなすべき仕事は、他にあったのではないか。

いずれにしても、民生委員の訪問を受け入れ、「学校に行きました」と報告した母親が、登校の強要を歓迎していたことは間違いない。だが、こうした強要による支配が不可能になったとき、母親は完全に、Fの母親であることを放棄した。それが、先述した第二、第三の子棄てだった。

母親が死亡した以上、もはや母親の口から、父親を追放した理由が語られることはない。すると、Ｆは、永遠に母親殺害を反復するしかないのだろうか。ここでも、分水嶺は、Ｆが観念の上で、父親を殺害できるか否かにある。観念上の父親殺害が達成されたとき、母親への憎悪は相対化されるからだ。そのときこそが、アルコールと男性への依存を断ち切ることが出来なかった母親の呪縛から、Ｆが脱出する瞬間にほかならない。

終　章　少年事件の原点

✧両親殺害の外面と内面

序章において私たちは、一九六〇年代の終わりから今世紀にかけて、少年事件の背景に存在する経済的貧困と関係の貧困が、互いに分離していく様子を見てきた。また、関係の貧困の表現型あるいは外面が、学校的集団ないし教育価値への拘泥・居場所の剥奪・個人責任化によって構成されていることも、確認してきた。

このような関係の貧困の外面を確認した上で、次に私たちは、関係の貧困の構造あるいは内面を、考察する必要に迫られた。

そのために、第一部では、まず父親殺害の構造の解明に取り組んだ。

父親殺害を本質とする事件には、三つの水準があった。第一は、虐待をする父親を、現実に殺害してしまう水準である。第二は、養育を放棄した父親を、観念の上で殺害する水準である。そして、第三は、必ずしも虐待には当たらない範囲での振る舞いを続ける父親を、観念上で殺害する水準である。

これらの三つの水準を分かつものは、父親の残虐さの程度だけではなかった。子どもの支え手であるべき母親が、どの程度まで父親への従属を強いられているかによって、三つの水準は、異なった現れ方をする。そして、いずれであったとしても、支え手としての機能が損なわれている限りは、父親殺害に付随して母親殺害もが、惹起されることになる。その典型が、板橋事件だった（第一章）。

一方、母親殺害の構造についても、私たちは解明につとめてきた。

母親殺害を本質とする事件は、より深い水準で引き起こされていた。観念上の父親殺害が未だ達成されない時点で、先に母親が父親を殺害してしまうのだから、それは、いわば第零の水準である。

いったん第零の水準に陥ることにより、父親の理想化が生じていた。そして、そのために、母親への憎悪は永遠に続き、母親殺害は反復されることになる。その典型が、実母殺害の後に引き起こされた、大阪姉妹刺殺事件だった（第二章）。

✧ 少年事件の内包構造(1)

引き続き第二部では、二〇〇〇年代後半に生起した、新しい少年事件が内包する構造に、目を向けてきた。

寝屋川市教職員殺傷事件（第四章）は、いじめから自らを守るための不登校が、教師や母親によって否定される中で、妄想を生じるまでに追いつめられた少年が、惹起した事件だった。つまり、少年は、学校の中ばかりでなく、そこから退却した家庭においても、居場所を奪われていたのである。そして、居場所の剥奪に前駆したものは、いうまでもなく学校価値による呪縛であり、居場所の剥奪がもたらしたものは、事件そのものと少年の障害をめぐる責任論の応酬だった。

また、寝屋川市教職員殺傷事件に見られる関係の貧困は、（ちょうど序章に記した永山則夫にとっての長姉がそうであったように）唯一、母親代理の姉によってしか、救済される可能性を有していなかった。しかし、その姉も（永山の長姉が精神疾患を病んでいたように）摂食障害に苦しめられていたがゆえに、少年を完全に救済することは不可能だった。なお、知られている限り、この事件には、父親の姿が表面に現れてこない。

伊豆の国市タリウム事件（第五章）は、いじめの被害に苦しむ少女が、イマジナリー・コンパニオン以上の役割を薬物に託し、関係の切れていた母親に投与した事件だった。ここでも、学校と家庭における居場所の剥奪をよそに、事件の原因を少女の障害に求める動きが加速していった。

伊豆の国市タリウム事件の父親は、事件後に「障害をきちんと治療して、事実をきちんと認めて戻ってくれれば、受け入れてあげるよ」と、少女に諭した。私たちは、この言葉に、どこか綺麗事の響きを、禁じえないでいた。しかし、「受け入れてあげるよ」とは、綺麗事というより、むしろ他人事のような言葉だといったほうが、正確かもしれない。なぜなら、それまで父親は少女を、受け入れてこなかったと思われるからだ。そうでなければ、いじめの被害に関して、少女は、何らかの形で父親に救助を求めていたはずだからである。

だとすると、父親が発すべき言葉は、「受け入れてあげるよ」ではなく、「是非これからは受け入れたい」であるべきだろう。また、「障害をきちんと治療して」は不要だ。治療の有無に関わらず、受け入れたいというべきだ。

あえて厳しい言い方をするなら、事件が起きるまでの父親は、不在同然の存在だった。「父親は小遣いをくれるので好き」という少女の言葉は、その証左である。だから、父親にとって事件は、はじめて少女との関係を結びうる、機会そのものだったはずだ。このとき、父親が教え諭す立場を選んでしまったなら、それは一層の関係の貧困を、選択したことになる。ちょうど、伊豆の国市タリウム事件の後に起こった、奈良医師宅放火事件の父親が、事件前のみならず、事件後も教え諭すことによって、関係の貧困を強化したように、である。

✧ 少年事件の内包構造(2)

奈良医師宅放火事件(第六章)は、教育の名のもとに虐待を繰り返す父親と、それに従属せざるをえなかった継母という状況の中で、生起した事件だった。この事件に関しては、教育価値の優位および居場所の剥奪という点では、他の事件と共通しているものの、家裁決定が障害を事件の理由としては位置づけず、形式面の影響としてのみ正当に評価したことは、特筆されてよい。

さて、奈良医師宅放火事件の少年にとって、父親殺害は、予め封印されていたというしかない。少年もまた、学校教育と成績の呪縛から、免れていなかったからだ。また、父親は、事件後も少年に対する支配を続けようとしている。こうして、少年は永遠に父親からの支配を、受け続けるよう強いられているのである。

会津若松事件(第七章)は、父親による子どもへの支配を、はるかに通りこした事件だった。いじめの渦巻く学校から退却した、少年にとっての居場所は、家庭の中にはなかった。父親の意向を携えて、「文武両道の優等生」として学校へ戻すため、少年のアパートへ足しげく通った母親を、少年は殺害し遺体を切断して、その一部をオブジェに仕立て上げた。そして、この事件をめぐる家裁決定は、少年の責任能力と非難可能性に終始した内容だった。

事件後、会津若松事件の父親は、自らを「被害者の夫」と呼ぶことで、少年との関係を遮断した。教育による支配が及ばなくなると、一方的に関係を遮断し、安全圏へと逃げ込んでしまったのだ。こうなると、少年は父親と戦う術《すべ》すらなくなってしまう。ましてや、観念の上で父親を殺すことは、もはや不可能というしかない。

八戸事件（第七章）は、会津若松事件を上回る構造を持っていた。いじめを受けていた少年は、母親から少なくとも三度にわたり棄てられ、父親からは二度にわたって棄てられていた。同時に、少年にとって両親の離婚は、母親が父親を追いだした結果として映った。それとともに、父親の入院は、母親が父親を死の淵にまで、追いこんだ結果に見えた。こうして生じた、父親の理想化と母親への憎悪の果てに、少年は母親を殺害した。そして、この事件に対する家裁決定は、まったく中味のないものだった。

ところで、八戸事件にも、学校価値を至上とする動きが伴っていた。「君が学校に行くまで何年だって来るよ」という言葉とともに、民生委員（児童委員）が少年の家庭を訪れ、母親はそれに迎合したのだ。こうした登校の強要が不可能になったとき、またもや母親は子どもを棄てた。他方、父親は、肝障害ゆえに死に直面している。あえて冷酷な言い方をするなら、やがて訪れる父親の死を、少年がどうとらえるのかが、少年にとっての今後の分水嶺になるだろうと、私は指摘しておいた。

⚘ 少年事件の原点(1)

それぞれの事件を、父親殺害という視点から、整理してみることにしよう。すると、板橋事件以外のすべての事件は、現実には父親殺害に成功していないことに気がつく。その理由は、第一に明らかな形で父親が登場していないか、第二に父親による強固な支配が続くことによって父親殺害が封印されているか、第三に父親がすでに母親によって殺害されているかの、いずれかである。第三の場合の典型が、大阪姉妹刺殺事件にほかならない。

そこで、一方の端に板橋事件があり、他方の端には大阪姉妹刺殺事件があるような、線分を引いてみることにする。この線分上に各事件を並べるなら、板橋事件からはじまって、父親の登場しない寝屋川市教職員殺傷事件、「受け入れてあげるよ」という形でゆるやかな支配を開始しようとしている伊豆の国市タリウム事件、「二人で死ぬまで罪を背負って」という形で支配を手放そうとはしない奈良医師宅放火事件、「被害者の夫」と記すことで安全圏へと逃げ込んだ会津若松事件、そして理想化されることにより永遠に殺害から逃れられるかもしれない八戸事件へと推移するにつれ、大阪姉妹殺傷事件へと近づいていくことがわかる。

つまり、少年と父親との距離が拡大していくのである。少年が父親を観念の上で殺害しうる可能性が乏しくなっていくと、言い換えてもよい。

それでは、母親殺害という視点から、各事件を整理してみるとどうなるか。事件が家庭外で生じた寝屋川事件を別にするなら、すべての事件で、実際に実母ないし継母が殺害されている。ただし、すでに見てきたように、板橋事件における母親殺害は副次的であり、その本質は、ただ敵意なき絶望という点にあった。対照的に、大阪姉妹刺殺事件では、母親は憎悪の対象であり、しかも殺害は反復されていた。

ここでも、一方の端に板橋事件があり、他方の端には大阪姉妹刺殺事件があるような、線分を引くことが出来る。そして、この線分上に各事件を並べるとき、板橋事件からはじまって、支え手とならなかった母親への絶望が外部への攻撃性に転化した寝屋川市教職員殺傷事件、やはり支え手とならなかった母親を実験動物と同列までに押し下げた伊豆の国市タリウム事件、父親に従属せざるをえなかったことにより母親が支配に加担した奈良医師宅放火事件、父親の意向を汲んで支配のための訪問を母親が繰り返した会津若松事件、そして支配が不可能になるや否や子棄てに及んだ八戸事件へと移行するにしたがい、大阪姉妹刺殺事件へと接近する様子が、明らかになってくる。

図　父親殺害と母親殺害を指標とする事件の位置

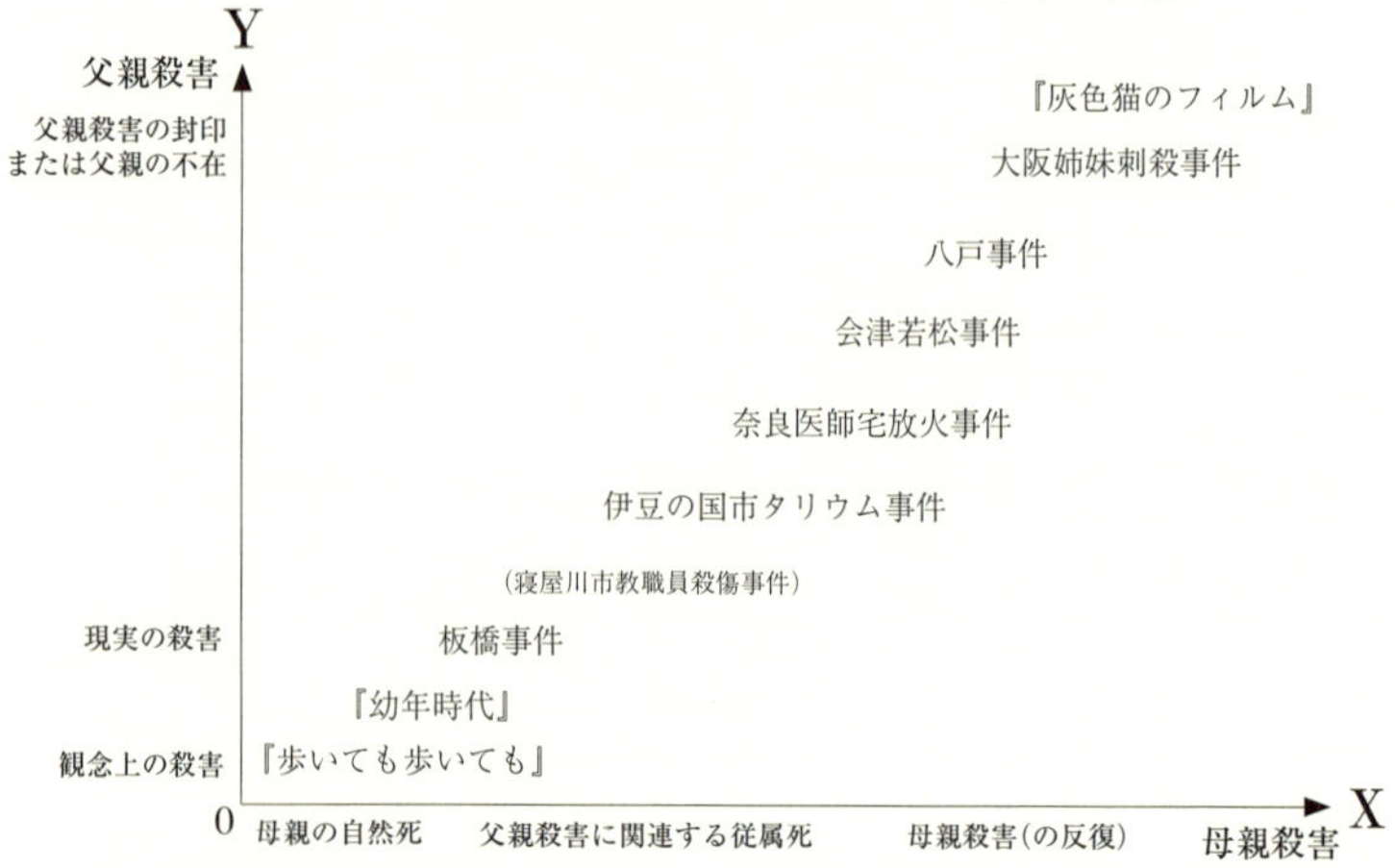

（X軸は母親による子どもの受容度と反比例し、Y軸は父親による子どもの支配度と比例する）

⚘ 少年事件の原点（2）

ここまで考えてくると、それぞれの事件を、上図に示したような形で、座標軸上に位置づけることが可能になる（なお、寝屋川市教職員殺傷事件を括弧でくくってあるのは、事件の外形が両親殺害ではなく、他者である教職員の殺傷という形式をとっているからである）。Y軸は、父親殺害の重篤度を表すとともに、父親による子どもの支配度でもある。一方、X軸は、母親殺害の重篤度であり、かつ母親による子どもの受容度の逆数でもある。

ちなみに、第三章で検討した室生犀星の『幼年時代』は、養育を放棄した父親を観念上で殺害する過程において、殺す必要のなかった母親が死んでいくという構造を持っていた。

また、『歩いても歩いても』は、必ずしも虐待には相当しない父親が死に、それに伴って母親も死んでいくという、自然死ともいうべき構造を持っていた。そうであるがゆえに、それぞれは、板橋事件よりも原点の近傍に位置づけられることになる。

逆に、『灰色猫のフィルム』は、母親殺害の反復と父親の理想化という構造を有している点で、大阪姉妹刺殺事件と同一であるといえるが、反復の回数が多いがゆえに、大阪姉妹刺殺事件よりもさらに重篤であると考えざるをえない。

さて、すでに私たちは、とくに説明を加えることのないまま、「原点」という語を用いてきた。その意味するところは、もはや明らかだろう。

支配度が限りなく小さい父親を、少年が観念の上で殺害していくこと。そして、受容度が限りなく大きい母親が、自然死に近い形で去っていくこと。それが「原点」にほかならない。つまり、すべての少年は、この原点を通過することによって、大人になっていくのである。

ところが、父親による支配度が大きいがゆえに、観念の上での父親殺害が不可能になっている少年たちがいる。さらには、観念上の殺害も現実の殺害も、封印されてしまった少年たちがいる。他方で、母親による受容度が小さいがゆえに、本来は父親殺害へと向かうはずのベクトルが、母親へと向かってしまう少年たちがいる。

彼らは、自死へと至るのでない限り、現実の両親殺害を惹起するしか、進む道がない。そうしなければ、大人になることが出来ないからだ。

それならば、原点から乖離させられて存在する少年たちを、原点へと引き戻していくことは可能なのか。可能でないとはいえない。ただし、そのためには、父親の支配による少年の従属、および母親の受容の撤収による少年の絶望を、打ち破るような外部の力が必要になる。そのことを、第一章において、私たちは「サポート」という名で呼んできた。

ところが、昨今はサポートといいながらも、かえって支配や受容の撤収を強化するような動きに、満ち溢れている。寝屋川市教職員殺傷事件における、教師の振る舞いがそうだった。また、会津若松事件における、民生委員（児童委員）の振る舞いもそうだった。

別の著書で、私は、サポートのための資格を、「ナナメの関係」と名づけたことがある（この言葉自体は、かつてのスチューデントアパシー＝五月病に際して、精神科医の笠原嘉が使った用語である）。世の中では無用者とされているような人たちだけが、支配－被支配とは全く異なる人間関係を、少年との間で結ぶことが出来る。それを「ナナメの関係」と名づけたのだ。

このような人間関係が、少年たちを密かに受容するとき、関係の貧困は、はじめて関係の豊穣さへと、形を変えていくのである。

✧ 秋葉原事件(1)

ここまでに私たちは、経済的貧困が後景へとしりぞく中で生起した、少年事件を扱ってきた。それゆえに、関係の貧困を、明瞭に取りだすことが出来たのである。

しかし、いま、新自由主義の矛盾が産みだした、格差社会という言葉を嘲笑うかのように、全ての人々に経済的苦境をもたらす形で、世界同時不況が進行しつつある。このような中で、経済的貧困と関係の貧困は、再び互いに融合した姿を、とるようになるのだろうか。

新自由主義の矛盾が、世界同時不況へと至る直前に起こった事件を、ここで見ておこう。それは、成人による事件でありながら、その本質は少年事件と考えるしかない、秋葉原事件である。少年事件にならい、加害者をイニシャルで表記するなら、事件の概略は次の通りだ。

二〇〇八年六月八日午後〇時半ころ、千代田区外神田の歩行者天国の交差点に、K（二六歳）が二トントラックで突入。通行人五人をはねた後、ダガーナイフで一二人を切りつけ、七人を殺害、一二人に重軽傷を負わせた。取り押さえようとした万世橋署地域課の男性巡査部長にも、ナイフで切りつけた。犯行前にKは、携帯電話サイトの掲示板に、秋葉原での無差別殺人予告を書き込んでいた。

秋葉原無差別殺傷事件で東京地検は、殺人と殺人未遂、公務執行妨害、銃刀法違反の四罪で、元派遣社員Kを起訴した。精神鑑定の結果、責任能力があると判断していた（二〇〇八年一〇月一〇日『産経新聞』）。

秋葉原事件に関しては、Kが派遣労働者であったことから、格差社会における貧困と結びつけて考える論調が少なくなかった。もちろん、この視点自体は重要だ。新自由主義社会の矛盾を体現する存在が派遣社員であることも、それに続く世界同時不況社会の矛盾を第一に体現する存在が派遣社員であることも、論をまたないからだ。

だが、経済的貧困と関係の貧困が、秋葉原事件で再び融合した姿をとったかというと、そのように即断することは出来ない。以下に、事実を検証していこう。

❖ 秋葉原事件(2)

秋葉原事件を考える上で、欠かせない資料が二つある。

一つは、いうまでもなくK自身による、ネット掲示板への書き込みである。そのうちのいくつかを、引用しておこう。

「もし一人だけ殺していいなら母親を、もう一人追加していいなら父親を」。「望まれずに生まれて、望まれて死んで」(二〇〇八年六月一七日『中日新聞』)

「親が周りに自分の息子を自慢したいから、完璧に仕上げたわけだ。俺が書いた作文とかは全部親の検閲が入ってたっけ」。「中学生になった頃には親の力が足りなくなって、捨てられた」。「当然、県内トップの進学校に入って、あとはずっとビリ」

「人と関わりすぎると怨恨で殺すし、孤独だと無差別に殺すし」。「『誰でもよかった』なんかわかる気がする」

「お金があれば幸せとはいえないけど、彼女がいるなら幸せ」。「プレゼントね。大事な友達にお礼がしたくて、でもお金が無くて、マフラーを編んでみたことがある」。「結局、来るなって言われて渡せなかったけど。一人でバカみたい」。「俺には支えてくれる人なんて居ないんだから」（『ロスジェネ』別冊二〇〇八）

さて、もう一つの欠かせない資料は、週刊誌に公表された、Kの弟による手記、および弟から獄中のKに宛てた手紙だ。

まず、手記は、次のように述べている。

「一般的に、母親というものはヒステリックなものと思います。母も同じで、怒るのは主に『テストの成績が悪い』といった、成績に関することです。そこから『口のききかたが悪い』『態度が悪い』と論点がずれていって、体罰にエスカレートすることもありました。……（中略）……食事の途中で母が突然アレ（Kのこと：引用者註）に激昂し、廊下に新聞紙を敷き始め、その上にご飯や味噌汁など、その日の食事を全部ばらまいて、『そこで食べなさい！』と言い放ったんです。アレは、泣きながら新聞紙の上に積まれた食事を食べていました……（中略）……そのときも父は黙っていました」

「なにか母と兄（Kのこと：引用者註）が口論をしていたのが聞こえたんです。……（中略）……母がメガネを外して泣いていたんです。顔をティッシュかハンカチで押さえていたので、血が流れていたんだと思います。そこで、兄が母を殴ったんだと理解しました。……（中略）……暴力の矛先が向けられたのは部屋の壁です。だからアレの部屋の壁は穴だらけになっています。……（中略）……同じ環境で育ったせいか、私自身も壁を蹴ったり殴ったりすることがくせになったんです。恥ずかしい話ですが、私が引き払ったアパートの部屋の壁は少しへこんでいます」

「母が、『お前たちがこうなってしまったのは自分のせいだ』とつぶやき、私に謝罪してきたんです。実は私は、三ヶ月で高校を辞めたあと、実家の部屋に引きこもっていた時期がありました。……（中略）……私は母の謝罪の言葉をきっかけに、母を許すことが出来ました」（『週刊現代』二〇〇八年八月二六日号）

次いで、K宛の手紙には、以下のように記されている。

「高校生活を体験しなかった俺が、その後どうなったか。まぁ引きこもりに成り果てたんです。時間の概念が消え、日がなカーテンを閉め切った薄暗い部屋で……（中略）……外の世界は侵略的で危険だと信じ込み……（後略）」

「俺はとにかく空気の読めない人間で、そのおかげか、ずいぶんな目にあってきました。集団には必ずヒエラルキーが存在するもので、その底に位置するものは、それ相応の扱いを受けるものだと思います。……（中略）……イジメではなく、立場の上下からくる、ごく当たり前の自然現象だと。そう結論付けたことで、俺は周囲への攻撃性を消すことに成功しました」（『週刊現代』二〇〇八年一二月二七日・二〇〇九年一月三日合併号）

✧ 秋葉原事件（3）

いくつかの背景と事実が、浮かび上がってくる。

第一に、学校価値への拘泥と居場所の剥奪が、兄弟の双方にもたらされていたこと。第二に、弟にのみ、引きこもりの体験があること。第三に、母親が弟に対してだけは謝罪していること。第四に、兄が学歴に関する劣等感を引きずっているのに対し、弟はヒエラルキーの「底」だと自らに言い聞かせていること。第五に、兄の攻撃性は秋葉原事件となって現れたが、弟の攻撃性はアパートの壁を殴る範囲にとどまっていること。

別の言い方をすることも出来る。兄であるKは、引きこもりが出来なかったがゆえに、学歴信仰を払拭することが出来ないでいた。つまり、「人と関わりすぎると怨恨で殺すし、孤独だと無差別に殺すし」と記すことが出来るほどの感性を持っていながら、自己と対話することが出来なかった。反対に、弟は引きこもりによって自己と対話しえたばかりでなく、母親からの

「謝罪」も受けとることが出来た。

否、その言い方の半分は正しくない。「引きこもりに成り果てた」という言葉が示しているように、また、今でもアパートの壁を殴っている事実が示すように、弟は自らの引きこもり体験を肯定しえていないからだ。加えて、母親も引きこもった弟を否定的にとらえているから、「謝罪」したにすぎないということだ。だからこそ、ヒエラルキーの「底」という、派遣先の会社幹部が聞けば、小躍りして喜びそうな思想を、弟は当然のようにつむぎだしている。

結局のところ、兄弟は、はかりしれない関係の貧困の中で、それぞれ二〇数年の半生を過ごしたというほかない。

❖少年事件の行方

秋葉原事件のKは、「もし一人だけ殺していいなら母親を、もう一人追加していいなら父親を」と記している。この部分を読むと、Kの目指そうとしたものが、ほかならぬ両親の殺害であったことがわかる。しかし、それはなぜか封印されてしまった。そこで、次にKが採用しようとした代替手段は、自死だった。「望まれずに生まれて、望まれて死んで」という言葉は、そのことを示している。つまり、秋葉原事件は、自死の裏返しとしての性格を刻印されているのである。

また、Kは、「『誰でもよかった』なんかわかる気がする」とも記している。殺す対象が誰でもいいということの裏には、誰でもいいから自分を承認してほしい（K自身の言葉を用いるなら「支えてくれる人」がほしい）という願いが、貼りついている。

このように、学校価値への拘泥と居場所の剥奪を外面に持つ秋葉原事件は、その内面では両親殺害と他者からの承認という問題を、提起しつづけているのである。それが、この事件の本質が少年事件であるゆえんだ。

ところで、Kは、「お金があれば幸せとはいえないけど、彼女がいるなら幸せ」と、書き込んでいる。経済的貧困よりも関係の貧困が、Kを苦しめていることがわかる。新自由主義から世界同時不況へと至る直前の時期においても、関係の貧困が経済的貧困を上回るという事実に、すぐれた感性を持つKは気づいていたのだ。

一九六〇年代以降を支えた、終身雇用・年功序列・企業内組合を三種の神器とする、企業資本主義の思想は、新自由主義が席巻する時代に無効化した。そして経済的格差のどこに位置しているかを問わず、あらゆる階層で関係の貧困を産みだしていった。いま、世界同時不況が進行するにつれて、社会は一層の、関係の貧困に覆われるだろう。なぜなら、かつての企業資本主義思想への信奉が、次世代の若者を苦しめたように、敗北した新自由主義の残滓が、現在の少年たちを苦しめつづけるからである。そして、関係の貧困が広まる一方である限り、少年事件は後を絶たないだろう。

私たちは、いま一度、原点に立ち戻るしかない。支配度が限りなく小さい父親を、少年が観念の上で殺害していくこと。そして、受容度が限りなく大きい母親が、自然死に近い形で去っていくこと。それが原点であり、すべての少年は原点を通過することによって大人になっていくと、私たちは考えてきた。以上が、少年事件を内面から抑止する、考え方の全てだ。

少年事件を外面から抑止する方法は、右に記した考え方から、自動的に導かれることになる。企業資本主義も新自由主義も、伝えるべき教育思想としては、すでに失効している。したがって、それらを家庭内に持ち込んでも、少年たちの心に届くはずもない。逆に、学校価値を廃棄し、少年たちにとっての居場所を確保しつづけることだけが、少年たちの心を育む。以上こそが、個人責任化と真っ向から対立する、外面の抑止力にほかならない。

あとがき

さまざまな期待と批判をないまぜにして、裁判員制度が開始されようとしている。少年事件も、この制度の例外ではない。

それどころか、検察官送致が行なわれ、成人と同じ裁判所に立たされた少年は、自らの内面を詳細に、裁判官ばかりか裁判員に対しても伝えるよう、強いられることになる。家庭裁判所が掲げる「懇切を旨としてなごやかに」（少年法）という建前――この建前すら、たびかさなる少年法「改正」により、危うくなっている――が、成人の裁判所では通用しないからだ。

ましてや、事件直後の少年は、自らの内面を語りうる言葉を、ほとんどの場合、持ちえていない。だからこそ、視えない何かに対しての復讐や絶望を、事件という形で現したのだから――。

そのとき、裁判員たちは、はたして自らの注意を、少年の内面へと向けることが出来るだろうか。それとも、ただ〈社会一般人〉を装った復讐と、〈社会一般人〉ゆえの無関心に基づく絶望を、投げかけるだけに終わるのだろうか。このこと一つとっても、少年事件に闇があるとするなら、それは心を閉ざした〈社会一般人〉という仮構の中にこそある、というしかない。

少年は時代の矛盾を背負うがゆえに、つねに時代の先端を体現する存在だ。だから、少年に対する「まなざし」は、そのまなざしの持ち主が、時代の先端をとらえようとしているか否かによって、規定される。

時代に背を向けるなら、少年へのまなざしは曇るし、時代に正面から立ち向かうなら、少年へのまなざしは真剣さを帯びることになるだろう。それは、温かい心といった綺麗事とは、根底的に異なる現実だ。

少年も大人も、現在という時代の中で苦しんでいる。そこに倫理が生まれるとすれば、それは本書の最後で私たちが確認した、少年事件に対する内面の抑止力と外面の抑止力をおいて、ほかにはありえないのである。

本書は、主に二〇〇〇年代後半に引き起こされた、少年事件を扱っている。そのうちのいくつかについては、これまでにも講演やシンポジウムといった形で、求められるまま、私なりの考えを語ってきた。

なかでも、知的発達障害者刑事弁護センター（事務局＝副島洋明弁護士）が開催した集会と、日本子どもソーシャルワーク協会（寺出壽美子理事長）が主催したシンポジウムでは、芹沢俊介さんとご一緒する機会に恵まれた。そのため、素材とした事件そのものや考え方の一部には、芹沢さんの書かれた『親殺し』（NTT出版）と、重なる部分があるかもしれない。

なお、執筆の過程では、弁護士や精神科医の知己から、助言を頂戴した。もちろん、最終的な文責は私にあるから、一人ひとりのお名前を挙げることは差し控えるが、感謝の気持ちだけは、どうしてもお伝えしておきたいと思う。

最後に、本書の企画から出版に至るまで、すべてにわたって尽力いただいたのは、明石書店の森本直樹さんである。記して深謝する次第だ。

二〇〇九年　弥生

高岡　健

文献（新聞・雑誌などのメディア以外で参照した文献を、以下に掲げる）

赤塚行雄『青少年非行・犯罪史資料2』（刊々堂出版社）
天埜裕文「灰色猫のフィルム」『すばる』二〇〇八年一一月号
奥野修司『心にナイフをしのばせて』（文藝春秋）
奥野健男『室生犀星評価の変遷』（三弥井書店）
草薙厚子『僕はパパを殺すことに決めた』（講談社）
佐藤幹夫『裁かれた罪　裁けなかった「こころ」』（岩波書店）
澤たか子「青年期にみられる imaginary companion について」精神経誌 210：210-220（2002）
芹沢俊介『ついていく父親』（新潮社）
ソポクレス『ギリシア悲劇Ⅱ』（ちくま文庫）
永山子ども基金編『ある遺言のゆくえ――死刑囚永山則夫がのこしたもの』（東京シューレ出版）
永山則夫『木橋』（立風書房）
永山則夫『無知の涙』（河出文庫）
ハウリン『自閉症　成人期にむけての準備』（ぶどう社）
フロイト『精神分析入門』上下（新潮文庫）
フロイト『フロイト著作集10』（人文書院）
ホールデン『グレアム・ヤング毒殺日記』（飛鳥新社）
室生犀星『或る少女の死まで　他二篇』（岩波文庫）
Ross JM: The darker side of fatherhood: Clinical and developmental ramifications of the 'Laius motif'. International Journal of Psychoanalytic Psychotherapy 11: 117-144. (1984)

著者紹介

高岡 健（たかおか・けん）

精神科医。1953年、徳島県生まれ。岐阜大学医学部卒。岐阜赤十字病院精神科部長などを経て、現在、岐阜大学医学部准教授。著書に、『自閉症論の原点』（雲母書房）、『やさしい発達障害論』（批評社）、『引きこもりを恐れず』（ウェイツ）など、共著に『殺し殺されることの彼方』（雲母書房）、『発達障害という記号』『孤立を恐れるな！』（批評社）など多数。

発達障害は少年事件を引き起こさない

「関係の貧困」と「個人責任化」のゆくえ

2009年4月4日　初版第1刷発行

著　者　高　岡　　健

発行者　石　井　昭　男

発行所　株式会社 明石書店

〒101-0021　東京都千代田区外神田 6-9-5

電　話　03 (5818) 1171

FAX　03 (5818) 1174

振　替　00100-7-24505

http://www.akashi.co.jp

組版／装丁　明石書店デザイン室

印刷　株式会社文化カラー印刷

製本　協栄製本株式会社

（定価はカバーに表示してあります）　ISBN978-4-7503-2965-9

Q&A 少年非行を知るための基礎知識

村尾泰弘編著

四六判／並製／240頁 ◎1800円

非行歴のない子ども、低年齢の子どもによる非行が注目されている。なぜこんな行動を起こすのか、どう対応すればいいか、家庭裁判所などの処理プロセスはどうなっているのか。こうした疑問に一度に答える非行問題の解説書。一般読者から専門家まで必読の1冊。

◆内容構成◆ **第1章 現代非行と非行臨床** 現代非行の特質と非行形態の移り変わり／非行臨床の焦点 **第2章 非行理解のための基礎理論** 法と制度／非行理解のための心理学／非行理解のための社会学 **第3章非行臨床の新しい視点** 被害者支援／犯罪被害者とトラウマ／修復的司法 **第4章 非行理解のためのQ&A** 現代非行の特徴（ネット型いじめ）について教えてください／性非行について教えてください／薬物非行について教えてくださ／子どもが事件を起こし、家庭裁判所から呼び出されました どうなるのでしょう?／家庭裁判所での事件の受理から終局決定までの流れを教えてください／少年鑑別所とはどのような施設ですか?／少年院とはどのような施設ですか?／保護観察とはどのようなものですか?／付添人とはどのようなものですか?／弁護士を付添人につける際の手続きや費用について教えてください ほか **第5章 事例から学ぶ非行理解** 事例から学ぶことの意義／万引き／校内暴力／暴走族／性非行／薬物非行

少年事件の臨床 「いのち」を学ぶ付添人活動
神谷信行 ◉1800円

犯した罪に向きあうこと 少年事件の臨床Ⅱ
神谷信行 ◉1900円

子どもと青年の攻撃性と反社会的行動 その発達理論と臨床介入のすべて
ダニエル・F・コナー著 小野善郎訳 ◉6800円

児童青年の地域精神保健ハンドブック 米国におけるシステム・オブ・ケアの理論と実践
アンドレス・J・プマリエガ、ナンシー・C・ウィンタース編 小野善郎監訳 ◉8000円

虐待 子どものためのソーシャルワーク①
川﨑二三彦 ◉1600円

非行 子どものためのソーシャルワーク②
川﨑二三彦 ◉1600円

家族危機 子どものためのソーシャルワーク③
川﨑二三彦 ◉1600円

障害 子どものためのソーシャルワーク④
川﨑二三彦 ◉1600円

〈価格は本体価格です〉